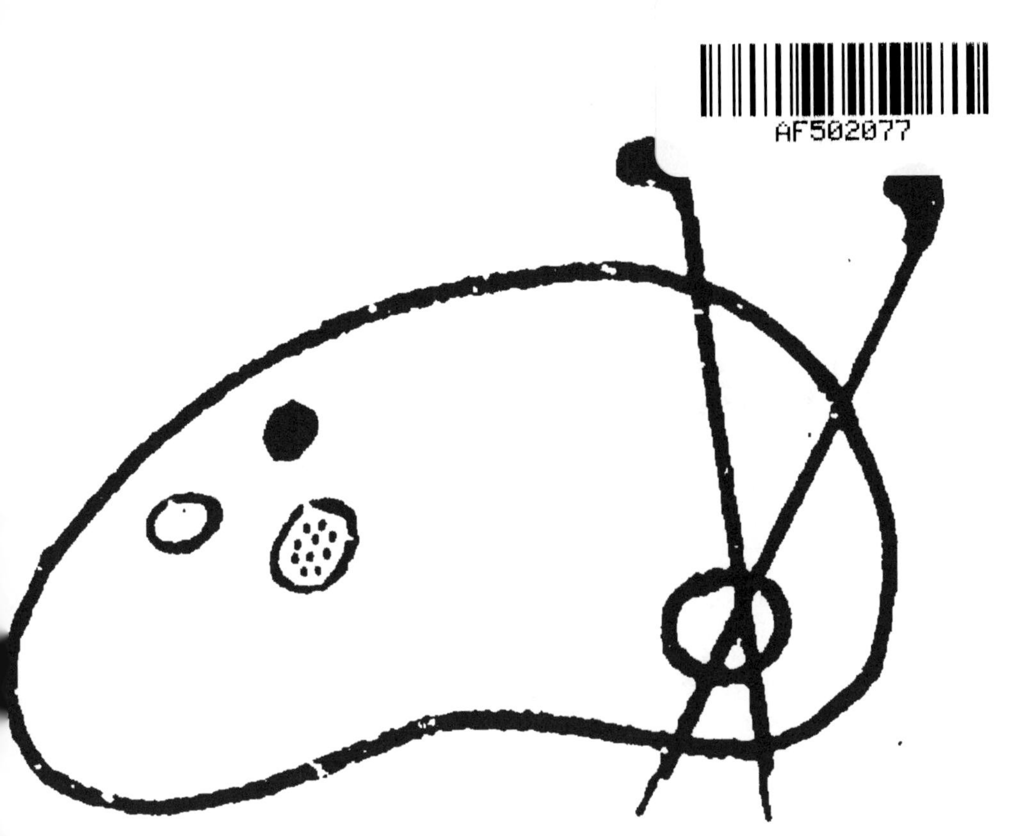

Couvertures supérieure et inférieure
en couleur

François de GÉLIS

VILLENOUVELLE au bon Vieux Temps

TOULOUSE
IMPRIMERIE SAINT-CYPRIEN
27, ALLÉES DE GARONNE, 27
1906

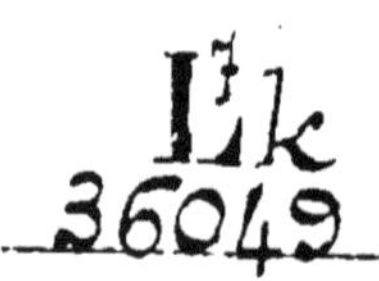

VILLENOUVELLE

au bon Vieux Temps

FRANÇOIS DE GÉLIS

VILLENOUVELLE au bon Vieux Temps

TOULOUSE
IMPRIMERIE SAINT-CYPRIEN
27, ALLÉES DE GARONNE, 27
1906

L'ÉGLISE DE VILLENOUVELLE

AVANT-PROPOS

Ceci n'est point une monographie. Les archives de Villenouvelle, quoique relativement riches, ne sont ni assez complètes ni assez suivies, pour nous permettre une étude digne de ce nom. Mais, envisagée à un point de vue plus général, l'histoire de Villenouvelle, qui est l'histoire de toutes les bourgades similaires de la même époque et du même type, ne manque pas d'intérêt. On y trouve, sur les hommes et les choses du temps passé, des renseignements curieux, par la comparaison, surtout, qu'on en peut faire avec les hommes et les choses d'aujourd'hui.

Sans insister plus que de raison sur des événements locaux qui ont perdu pour nous l'importance qu'ils avaient pour les contemporains, nous franchirons souvent l'étroite enceinte de notre petite cité. Nous jetterons un coup d'œil autour d'elle et, sans presque nous déplacer, nous verrons successivement s'opérer : la création de la grande route de Narbonne, le creusement du Canal du Midi, le redressement de la rivière de l'Hers, le défrichement des forêts de Saint-Rome et de Baziège, enfin toute une série de travaux qui changèrent en belle et fertile vallée les anciens marécages de la plaine de l'Hers.

Pour compléter cette chronique, quelques tableaux, aussi exacts que possible, et toujours pris sur le vif, donneront au lecteur un aperçu de la vie urbaine, rurale, militaire, industrielle ou religieuse de nos ancêtres.

Puissions-nous, grace à l'attrait de ces souvenirs, suppléer aux lacunes d'un récit que nous regrettons de ne pouvoir faire plus complet et plus détaillé.

PREMIÈRE PARTIE

I

Origines de Villenouvelle. — La grande route de Narbonne.
Édits constitutionnels de Louis XI.
Foires et Marchés.

Le centre primitif de notre population communale s'est déplacé. Installé d'abord à huit cents mètres au nord-est du village actuel, sur la colline de Saint-Sernin de Goudourville, où se trouve encore le cimetière et un groupe de maisons, il se transporta, plus tard, au pied du même coteau. C'est vers la fin du quinzième siècle, attirés par la grande voie de Toulouse à Narbonne qu'on réparait alors pour accéder plus facilement dans le Roussillon, nouvellement rattaché à la France, que les habitants émigrèrent en partie, et vinrent s'établir à l'intersection de la nouvelle route avec le ruisseau appelé le *Merderic*.

A ce nom, de consonnance fâcheuse, je vois un sourire ironique se dessiner sur les lèvres de mes lecteurs... Qu'ils me permettent de les mettre en garde contre une fausse interprétation : le *Merderic* a beau servir de dépotoir au village qu'il traverse, ce n'est pas de là que lui vient une appellation qu'il portait bien avant que le voisinage de Villenouvelle eût terni la limpidité de ses eaux. L'étymologie est la même que celle de l'Hers (*Ircius, Ericius*) et ne veut rien dire autre chose, d'après les linguistes les plus competents, que « *ruisseau sinueux* ».

L'honneur du Merderic ainsi satisfait, je reviens aux origines de Villenouvelle ; en remarquant que presque toutes les localités de noms similaires, comme « Villeneuve, Villefranche, » avaient pris naissance à la fin du règne de saint Louis, à l'époque où la guerre des Albigeois, enfin terminée, permettait aux habitants du Languedoc de se grouper et de s'organiser en paix, quelques historiens ont pensé que Villenouvelle devait être assimilée aux *bastides* du treizième siècle, dont Alphonse de Poitiers et Jeanne de Toulouse, sa femme, s'étaient faits les protecteurs et les parrains. Rien n'est moins fondé que cette opinion. Si Villenouvelle avait l'origine susdite, nous possèderions des chartes en faisant foi. Tout au moins, ces chartes et les privilèges concédés par leurs auteurs eussent-ils été rappelés dans les actes subséquents. Or, le document le plus ancien dont nous ayons conservé la trace, est une *reconnaisance* du 20 mars 1473, faite par les consuls de Villenouvelle à Louis XI, leur roi et suzerain. C'est donc de cette époque, ou de quelques années plus tôt, du milieu du quinzième siècle tout au plus, qu'il faut dater la naissance de notre commune.

Bien entendu, je ne parle ici que de Villenouvelle proprement dite. Car Saint-Sernin de Goudourville, groupé autour d'un prieuré très ancien, contemporain peut-être de l'illustre évêque dont il avait pris le vocable, n'a pas besoin de faire ses preuves de noblesse. A défaut d'autres témoignages, son origine féodale serait démontrée par sa situation topographique. Il appartient à cette catégorie de villages médiévaux que la menace perpétuelle d'une attaque forçait à s'établir sur une position dominante d'où les habitants pouvaient, plus aisément, résister à l'ennemi. Tels, Montesquieu, Mauremont, Montgaillard, Renneville, etc.

Villenouvelle, au contraire, venue à une époque plus pacifique, ne songe qu'à sa commodité et choisit l'endroit qui rendra plus faciles son commerce, son roulage et ses communications. Si elle s'entoure de fortifications — aujourd'hui démolies — c'est par vieille habitude plutôt que par réelle nécessité. Au quinzième siècle, on ne concevait pas encore un groupe d'habitations sans remparts ni fossés. D'ailleurs, cette ceinture de terre et de briques avait une raison d'être assez analogue à nos actuels murs d'octroi, elle était la limite tangible et matérielle des droits et des privilèges locaux. Quant au château — Villenouvelle eut aussi son château dont on pourrait retrouver les vestiges au bord du Merderic — il n'eut rien de féodal. Il ne fut point le noyau du village, comme celui de Montesquieu, mais seulement l'une des plus riches et confortables habitations du lieu.

Enfin l'église, imitée d'édifices plus anciens et que certains archéologues croyaient, d'après son architecture, appartenir au treizième siècle, ne fut bâtie qu'en 1509. Cette date est relatée en termes formels dans un mémoire que les avocats de la commune dressèrent en 1762, au sujet d'un procès d'ordre administratif et religieux dont nous aurons à nous occuper. Jusqu'à son érection, les habitants continuèrent à fréquenter celle de Saint-Sernin qui subsistait encore à la Révolution et resta, tant qu'elle fut debout, la paroisse officielle.

A la date du 20 mars 1473, avons-nous dit, les consuls de Villenouvelle font acte de « reconnaissance, foi et hommage » au roi Louis XI.

L'*hommage*, témoignage personnel d'obéissance, de respect et de soumission, était rendu par le vassal au suzerain ou à son délégué.

La *foi* ou *fidélité* était jurée à genoux, sur les saints Evangiles, devant le seigneur ou l'un de ses représentants.

Enfin la *reconnaissance* consistait en un dénombrement écrit, complet et détaillé de tous les biens dont le vassal était nanti.

Or, tandis que dans les villes nées sous le régime féodal la reconnaissance est adressée aux seigneurs locaux, à Villenouvelle, elle est faite à Louis XI en personne. C'est là un point qu'il importe de signaler. Il prouve que, dès son origine, notre cité fut placée sous la dépendance — on disait alors la *mouvance* — directe du roi. Cette tutelle accordée aux centres de population nouvellement créés fut un des moyens les plus efficaces employés par le pouvoir central pour s'étendre au fond des provinces et combattre la féodalité. Et les bourgeois des villes, de leur côté, recherchèrent avec empressement un appui qui faisait leur force et les soustrayait à la domination compliquée et souvent vexatoire des seigneurs particuliers.

Le second document dont fassent mention nos archives est, par ordre d'importance et par ordre chronologique, une quittance de 1489. Nous sommes encore sous Louis XI. Le roi ayant renoncé à prélever directement les droits de *leudes* et de *péages* afférents à sa suzeraineté, a transmis ces droits aux *consuls* de Villenouvelle, à charge par eux de lui payer une redevance annuelle. C'est le paiement de cette redevance, effectué en 1480, entre les mains du receveur royal, qui donne lieu à l'établissement de la pièce en question. Expliquons quelques-uns des termes qu'on y emploie :

La *leude* — on disait aussi la *leyde* — était due par tous les cultivateurs, industriels ou commerçants, qui venaient, à jour fixe, porter leurs denrées au marché. Cet impôt était censé rémunérer les communes des frais qu'elles faisaient pour l'entretien des halles.

Le *péage*, perçu encore aujourd'hui, mais dont l'usage s'est à peu près restreint aux ponts suspendus, s'appliquait alors à une foule de chemins et de passages privés.

Enfin, le mot *consuls* désignait, sous l'ancien régime, les officiers municipaux. Leurs attributions avaient beaucoup d'analogie avec celles des conseillers actuels, mais leur autorité était plus grande et ceux des villes libres jouissaient d'un pouvoir judiciaire qu'ils n'ont plus aujourd'hui. Dans les centres d'origine féodale, ils étaient désignés par les seigneurs du lieu; dans les bourgs francs ils étaient élus par leurs pairs et, dans tous les cas, soumis à l'investiture royale. Leur nombre variait avec le chiffre de la population. A Villenouvelle, ils n'étaient que deux au moment des édits constitutionnels de Louis XI, mais leur nombre fut porté à quatre lorsque la commune, ou plutôt la *communauté*, comme on disait alors, fut complètement et légalement organisée. Celui d'entre les consuls qui obtenait la majorité des suffrages était *maire*. Du moins c'était là son titre officiel, car sur les actes communaux il est presque toujours désigné sous le nom de *premier consul*.

Les consuls avaient une « *livrée* » qu'ils revêtaient dans l'exercice de leurs fonctions et qui consistait essentiellement en une toque de velours noir et une robe ou « *chaperon* » de satin cramoisi.

Il étaient assistés par un *baile* qui remplissait les fonctions de garde civil et de crieur public, et par un *valet*.

Le pouvoir qu'ils tenaient de la royauté naissante fut, par cette même royauté parvenue à son apogée, notablement réduit. C'est ainsi que, sous le règne de Louis XIV, les maires furent nommés directement par la couronne. De plus, on adjoignit aux consuls un *conseil politique* composé des principaux notables de la localité, et ce conseil fut, sur toutes les questions de quelque importance, obligatoirement consulté. Les conseillers politiques étaient douze, à Villenouvelle, ce qui leur assurait la majorité des voix. Et comme, à l'inverse des consuls, presque toujours recrutés, à partir du dix-huitième siècle, parmi les marchands et les petits bourgeois, ils comptaient beaucoup de grands propriétaires dans leurs rangs, leur influence fut prépondérante et leur autorité considérable. C'est précisément ce qu'on voulait en haut lieu.

Nous reviendrons sur l'administration consulaire au cours de ce récit. Nous nous bornerons à cette dernière remarque que le mot « consuls » était surtout en usage dans les provinces méridionales, où la langue et les traditions romaines s'étaient plus particulièrement conservées, tandis que dans le nord de la France on employait, de préférence, le terme d' « échevins ».

Les deux pièces fondamentales dont je viens de parler, la reconnaissance de 1473 et la quittance de 1480, sont malheureusement perdues; mais un inventaire établi en 1609 et resté dans nos archives en donne l'analyse et ne laisse aucun doute sur leur authenticité.

Parmi les parchemins anciens arrivés jusqu'à nous, figurent les lettres patentes données par Henri II, le 20 juin 1547, au château d'Anet, l'élégante demeure qu'il avait fait construire pour la célèbre Diane de Poitiers. Par ces lettres, Villenouvelle est autorisée à tenir un marché hebdomadaire tous les jeudis et deux foires annuelles, l'une à la saint Mathias, le 24 février, l'autre le 21 septembre, jour de saint Matthieu. Et l'ambition de nos braves compatriotes ne s'en tint pas là, comme nous le verrons en 1755, où deux foires nouvelles furent instituées par eux. Aujourd'hui que nous n'en avons plus qu'une et plus de marché du tout, nous sommes obligés de conclure tristement à la décadence commerciale de notre petite ville et à sa dépopulation !

II

Aliénation, par Catherine de Médicis, de ses possessions du Lauraguais. Achat de la Seigneurie de Villenouvelle par Guillaume du Cros.

Voici un événement grave, grave surtout par les obligations nouvelles qu'il impose à la commune et par la situation imprévue qu'il lui crée : c'est l'aliénation que Catherine de Médicis, « héritière et comtesse du Lauraguais », fait d'une partie de ses biens dotaux pour subvenir aux guerres de son royal époux. Les Médicis tenaient le Lauraguais d'une alliance avec les La Tour d'Auvergne, qui l'avaient eux-mêmes obtenu de Louis XI en 1478. Et voilà comment, par suite de circonstances très éloignées les unes des autres et tout à fait imprévues, les biens de Catherine vont se morceler entre une infinité d'acquéreurs, et comment Villenouvelle, de ville royale et quasi indépendante qu'elle était autrefois, va devenir féodale et vassale d'un seigneur particulier.

Pour plus de clarté, suivons l'ordre historique et chronologique des faits : la déclaration de la reine est rédigée à Fontainebleau le 31 mars 1554. Aussitôt signée, elle est reproduite en autant d'exemplaires que le comté de Lauraguais comprend de domaines distincts, et l'une de ces copies, adressée aux consuls de Villenouvelle, nous est restée. C'est un grand parchemin, long de plus de deux mètres et formé de trois peaux cousues bout à bout. Il y est stipulé que les biens du Lauraguais, parmi lesquels la seigneurie de Villenouvelle, avec ses appartenances et dépendances, seront vendus ou engagés jusqu'à concurrence d'une somme de 50,000 écus d'or au soleil, soit environ 2 millions de notre monnaie.

Une série d'actes officiels, reproduits sur le même parchemin, confirment la décision précédente et règlent les détails de sa mise à exécution. Ce sont :

1° Des lettres patentes de Henri II qui « vallide et « approuve les contracts ci-dessus » (3 avril 1554) ;

2° Une seconde ordonnance de Catherine, constituant ses « procureurs, députés et commissaires, à l'effet de ladite vente » (14 avril de la même année) ;

3° L'enregistrement des lettres patentes de Henri II par le Parlement de Toulouse (26 avril) ;

4° Une attestation de messire Arnauld du Vernet, conseiller du roi en la comté de Lauraguais, certifiant que les actes susdits ont été enregistrés à Châteauneuf-d'Arry (Castelnaudary) et à Revel (8 mai) ;

5° La notification, par les commissaires royaux, des criées règlementaires et des proclamations nécessaires à la vente (27 juin).

Et ce n'est qu'après l'accomplissement de toutes ces formalités que nous voyons apparaître le sieur « Guillaume du Cros, châtelain de Villenouvelle et de Saint-Rome », lequel, en sa qualité de plus fort et dernier enchérisseur, est déclaré adjudicataire de la seigneurie de Villenouvelle pour la somme de 3,500 livres tournois, soit environ 70,000 francs d'aujourd'hui.

Qu'était-ce, au juste, que ce du Cros ? M. de Malafosse, dans l'étude intitulée *Pages oubliées de l'his-*

toire du Lauraguais, fait ressortir, avec beaucoup de compétence et d'érudition, le caractère de cette personnalité : « En 1518, dit-il, on voit un Ducros de Saint-Rome acheter pour lui et son fils un moulin à vent à Montgaillard. Dans l'acte, le père est qualifié de *laboureur* et le fils de *marchand à Villenouvelle.* » Le laboureur mort, le marchand se transporte à Toulouse et fait si bien prospérer son commerce, qu'il devient notable important. Plus tard, il sera capitoul, et cette dignité lui confèrera la noblesse. Mais il n'attend pas ce moment pour scinder son nom en deux et signer *du Cros.* C'est sous ce titre que, dès 1553, il achète la seigneurie de Saint-Rome et l'année suivante celle de Villenouvelle. Le voilà grand propriétaire et seigneur de qualité. Ses droits, officiellement reconnus et minutieusement détaillés sur la déclaration des commissaires royaux, consistent en : « La *baillie*, le *four banier,* la *notairie,* le *greffe-scel* et une *albergue* de trente sols que les habitants de Villenouvelle payaient annuellement à la reine Catherine. »

Par la *baillie,* le nouveau seigneur se substitue aux consuls pour tout ce qui concerne la police du domaine. Il a le droit de nommer un juge ou *bailli* qui sera son représentant légal et exercera en son nom la « haute, moyenne et basse justice ».

La « haute justice » est le droit de connaître de tous les crimes et délits entraînant, soit la peine de mort, soit une peine afflictive et infamante. Celui qui en est investi s'adjuge les biens confisqués ou sans héritiers directs. Il se saisit des épaves et des trésors trouvés. Il a la propriété des rivières non navigables et peut, à son gré, permettre ou interdire la chasse.

La « moyenne justice » permet de juger toutes les

causes criminelles n'entraînant pas à plus de soixante sous d'amende.

La « basse justice » s'étend aux procès civils, à condition que la condamnation ne s'élève pas à plus de trois livres tournois.

Il va sans dire que cette juridiction n'était pas sans appel. Les accusés pouvaient en référer aux sénéchaux de la province ou au Parlement et avaient d'autres moyens encore de surseoir à leur peine. Sous les derniers rois, les droits de haute et moyenne justice se trouvèrent entourés de tant de réserves et de restrictions qu'ils ne furent plus guère que nominaux. Mais, tels quels, ils faisaient encore du seigneur justicier un personnage considérable et redouté.

Si les privilèges de la justice sont purement honorifiques, en revanche le *four banier*, la *notairie*, le *greffe-scel* et *l'albergue* offrent des avantages pécuniaires qu'il convient de préciser :

Lorsqu'un four avait été reconnu *bânier* ou *banal*, tous les habitants étaient tenus d'y porter leur pain et d'acquitter, en nature ou en espèces, le droit de cuisson. Ceux qui, par faveur spéciale, avaient été autorisés à enfourner chez eux, payaient un droit d'exonération. Dans tous les cas, le four banal était une importante source de revenus que les seigneurs affermaient souvent très cher à un représentant assermenté.

La *notairie* était le droit qu'ils avaient de désigner un notaire pour instrumenter dans l'étendue de leur juridiction. Le tant pour cent qu'ils prélevaient sur les actes constituait leur bénéfice particulier. C'était, sous une autre forme, l'institution moderne de l'enregistrement.

Nous pourrions en dire autant du *greffe*. Le *scel* ou sceau que le greffier apposait obligatoirement sur les chartes de la seigneurie donnait lieu à la perception d'une taxe en faveur du suzerain.

Enfin, l'*albergue* était l'impôt par lequel une commune se rédimait de l'obligation d'héberger le seigneur et les gens de sa suite. Pour comprendre l'origine de cette charge, il faut se reporter au temps où les seigneurs, presque toujours en guerre avec leurs voisins, se transportaient à chaque instant d'une vassalité à l'autre pour prévenir une attaque, réprimer un pillage ou combattre une incursion. Ce droit, devenu sans utilité pratique après la féodalité, s'était néanmoins conservé et transformé en obligation pécuniaire. La vente de la seigneurie de Villenouvelle nous apprend que l'albergue y était de «trente sols». Cette somme équivaudrait à trente francs de la monnaie actuelle, d'après M. Thélème, archiviste distingué, qui nous a laissé un commentaire intéressant de nos anciennes chartes. Nous aurons recours plus d'une fois à ses lumières, au cours de cette étude, car l'évaluation des monnaies, à une époque où l'argent circulait sous des formes très diverses, est une science ardue et difficile.

Non seulement Guillaume du Cros réserve soigneusement ses droits, mais, en homme pratique, il n'oublie rien de ce qui constitue ses revenus et facilite sa gestion. Une vieille coutume permettait aux habitants de Villenouvelle de couper le bois nécessaire au chauffage du four banal dans la forêt de Saint-Rome, il s'empresse de faire inscrire cette clause sur l'acte d'achat. Par lui, nous savons que seize arpents de futaie, organisés en coupes triennales, étaient réservés à l'usage du four dans la partie de la forêt qui avoisinait le chemin de Bigot et qui porte le nom caractéristique de *tal del four* sur les anciens cadastres.

La vente de Villenouvelle a passé par tant de procédures et de formalités que le plus méticuleux des notaires n'hésiterait pas à se déclarer satisfait. Et pourtant, une clause, qu'il nous faut signaler, est de nature à tout annuler, à tout remettre en question. C'est celle qui spécifie que la vente est faite « à titre de rachapt perpétuel » ou, comme nous dirions aujourd'hui, à réméré. La reine ou ses héritiers pourront, quand ils voudront, et sous la seule condition d'indemniser les acquéreurs des sommes déboursées par eux, rentrer en possession de leurs biens et de leurs droits primitifs. Retenons bien cette particularité qui sera, sous peu, la cause d'un nouveau changement.

En attendant, le sieur du Cros s'installe en maître à Villenouvelle et si quelqu'un s'étonnait de voir un fils de laboureur acquérir aussi facilement une seigneurie au siècle du roi chevalier, je ne pourrais que le renvoyer aux très justes considérations émises par M. de Malafosse à ce sujet : « L'on n'aurait pas autorisé, dit-il, une famille noble, jouissant d'une seigneurie de père en fils, à céder ses droits séculaires même à un capitoul de Toulouse. De ce que Guillaume Ducros était devenu, contre de l'argent conquis sur le comptoir, seigneur et noble, il ne s'ensuit pas qu'il prît rang parmi les vieilles familles du Lauraguais qui ne frayaient pas ces parvenus. Ce ne fut que beaucoup plus tard qu'on vit les fermiers généraux et les manieurs d'argent chamarrés de titres, entrer à la Cour la tête haute. »

Ce domaine royal, cet ancien apanage d'une famille princière, tombé tout à coup entre des mains roturières, semble, à première vue, un fait paradoxal. On est tenté d'en accuser l'esprit mercantile et rapace de Catherine de Médicis, mais on s'aperçoit bien vite que la situation financière du royaume exigeait de pareils sacrifices. L'interminable guerre avec Charles-Quint, la solde des mercenaires, l'armement à entretenir et les approvisionnements à renouveler, avaient fini par endetter l'Etat. Et cette cour de Henri II où le luxe, la richesse apparente, l'éclat des tournois et des fêtes, ne sert qu'à mieux cacher l'intime détresse des gouvernants, est un bien curieux sujet de réflexion. Ce n'est pas la première fois, d'ailleurs, que les archives communales auront mis en lumière ce que les chroniques officielles cherchaient à nous cacher. Si l'on s'en rapportait à la légende historique, le règne de Louis XI ne serait qu'égoïsme, fourberie, mensonge, tandis que celui de Louis XIV marquerait l'apogée de la grandeur et de la prospérité nationales. L'impression est toute différente quand on étudie la vie provinciale à ses sources; on voit, sous le premier de ces deux monarques, le bien public se développer progressivement, continuellement, méthodiquement, alors que sous le second la misère est profonde dans les campagnes et les impôts de plus en plus onéreux.

J'ai parlé, plus haut, d'une servitude qui grevait la forêt royale de Saint-Rome et permettait aux habitants de Villenouvelle de prélever le bois du four banal sur la partie qui les avoisinait. Le roi Louis XI — car il est vraisemblablement l'auteur de ces édits — avait pareillement concédé à nos devanciers le droit permanent et gratuit de pacage dans toute l'étendue du sous-bois. Mesure bienveillante, dont on ne saurait trop louer l'intention, mais qui gênait fort Catherine, très désireuse de vendre tout ce qui lui restait de terre en Lauraguais. Comprenant qu'une convention de cette nature était faite pour rebuter les acquéreurs à tout jamais, elle cherche à l'abolir et délègue, à cet effet, messire Jacques Epifane, évêque de Nevers, son secrétaire particulier. Les négociations aboutissent. Pouvait-il en être autrement ? Entre une reine, représentée par un puissant seigneur, et les modestes consuls de Villenouvelle, l'accord n'était-il pas obligé ? Quoi qu'il en soit, un contrat en bonne et due forme est passé devant Me Pierre Terrier, notaire royal en Lauraguais et, si nous en avons perdu la minute, nous avons du moins les lettres qui le confirment et que la reine signe de sa propre main, le 25 septembre suivant. Il y est dit que les habitants de Villenouvelle consentent à la vente de la forêt de Saint-Rome à condition qu'il leur sera accordé deux parcelles de bois pour y conduire leurs bestiaux et « faire leur proffict des fruits qui y croistront ».

L'édit est promulgué le 3 juillet 1555, à Villers-Cotterets, dans le beau château que François Ier avait édifié sur l'ancien domaine des ducs de Valois. Il est signé « *Catérine* » avec l'orthographe curieuse et caractéristique que nous reproduisons ici.

Ces conventions, qui restreignaient en étendue mais augmentaient en principal les droits primitifs de nos compatriotes, sont accordées moyennant « cent escus d'entrée » et « cent sols tournois de rente annuelle », ce qui donnerait huit cents francs pour la la première somme, à supposer, comme le croit M. Thélème, qu'il s'agisse ici de l'écu de huit francs, et pour la seconde, cent francs environ.

Le 30 juin 1536, les consuls de Villenouvelle se présentent devant messire Pierre de Rivière, conseiller de Catherine et maitre des eaux et forêts en Lauraguais, et signent, à leur tour, le texte du traité. Non sans quelques protestations, toutefois. Johan

Trébons, notamment, fait observer que les parcelles de bois concédées aux habitants de la commune sont tout juste suffisantes pour nourrir leurs troupeaux et que l'accord intervenu entre eux et Sa Majesté la Reine est surtout profitable à celle-ci. L'observation est juste et l'on pourrait considérer comme une duperie la clause qui obligeait nos compatriotes à payer leur soi-disant privilège à beaux deniers comptants, si une vieille coutume féodale qu'on appelait l'*acapte*, ne leur donnait tort au point de vue légal. Le *droit d'acapte* était un impôt obligatoirement payé par le vassal au suzerain chaque fois qu'une mutation foncière avait lieu. Qu'on le trouvât juste ou non, il fallait s'y soumettre.

III

La Juridiction de Villenouvelle est rachetée par les Consuls. — Guerres de religion. Renouvellement des privilèges de la commune. Les droits de seigneurie sont mis en vente et rachetés par les Consuls de Villenouvelle.

Sept années se passent, pendant lesquelles la tranquillité et la paix, — la paix administrative, tout au moins, car la paix religieuse était déjà menacée — règnent à Villenouvelle. Le court passage de François II au trône de France n'est marqué, dans nos annales, que par les lettres de ce prince qui confirment les privilèges antérieurs de la commune. Ces lettres ne nous sont malheureusement pas parvenues, mais l'inventaire de 1609 en fait mention et leur assigne la date de janvier 1559.

Sous Charles IX, nouveaux changements et nouveau procès. Guillaume du Cros est mort en 1563, l'année même où il a été élevé à la dignité de Capitoul, et son neveu, Guillaume de Berry, lui a succédé en qualité de seigneur de Villenouvelle. Or, si l'oncle n'avait contre lui que d'être trop avide d'honneurs et de richesses, le neveu ajoutait à ces défauts la morgue du parvenu, l'avarice de l'usurier et un tel esprit de domination, qu'il se rendit bientôt insupportable à ses vassaux.

Disons, d'abord, qu'il ne s'appelle point *de Berry*, mais tout simplement *Guillaume*. C'est pour se donner un faux air de noblesse qu'il ajoute le nom de son pays d'origine à sa très roturière appellation. Dans les actes notariés, on le qualifie de « Guillaume dit de Berry » ou parfois de « Guillaume dit du Cros » par allusion à son oncle défunt.

De plus, il est protestant, sinon de fait, du moins de cœur et d'intention. Il favorise les gens « *malsentants, bergamons et malversants* », ce qui, dans le langage expressif de nos ancêtres, veut dire les huguenots. Et cela seul, à l'époque de discorde religieuse où nous sommes, suffit à expliquer que la population très catholique de Villenouvelle soit soulevée contre lui. Une assemblée générale des notables est convoquée, où l'on supplie la reine-mère de replacer la commune sous son autorité directe. La chose est facile, puisqu'elle s'est réservé le droit de rachat. Et comme Catherine, au milieu des embarras financiers du royaume, ne peut consentir à pareil sacrifice, les bourgeois de Villenouvelle offrent de se cotiser pour indemniser le sieur Berry de leurs propres deniers. Tout plutôt que de rester plus longtemps sous le joug de ce tyranneau !

« Scachent, tous présents et advenir que l'an mil
« cinq cent soixante-trois et le quatrième jour du
« mois de Juilhet, en ce lieu de Villenouvelle, comté
« du Lauraguais, et dans la maison de Jehan Tré-
« bons, vieulx, marchand, a été remontré aux habi-
« tants dudict lieu, comment la Royne-mère, comtesse
« dudict comté, avoit vendu et aliéné de son domayne
« particulier, entr'autres pièces, ledict lieu de Ville-
« nouvelle avec toute sa juridiction de justice haute,
« moyène et basse à feu Guilhaume du Cros, quand
« vivoyt, pour le prix de douze cents livres tournois,
« pour subvenir aux afaires du feu Roy Henry, son
« compaignon, toutesfois avec rachapt perpétuel,

« ainsi que apert par instrument sur ce passé les an
« et jour en icelluy contenus.

« Au lieu duquel Ducros aujourd'huy est Guilhaume
« Berry, dict Ducros, son nepveu, tenant toute ladicte
« juridiction, haute, moyène et basse, tellement que
« yceux consuls ne ausent entreprendre aulcung
« exercice, ni connoissance et aultre cause, pour ré-
« primer les vices, insolances et mauvaises vies de
« plusieurs malsentant, supportés par ledict de Berry,
« dit du Cros, au très grand préjudice de ladicte
« ville, dont journèlement plusieurs se plaignent ; et
« disent et remonstrent que ce seroict bon supplier
« ladicte dame Royne-mère, vouloir rachapter ladicte
« juridiction, et que ladicte ville et habitans d'ycelle
« lui doibvent offrir, payer et satisfaire la somme de
« douze cens livres tournois pour lesdits recouvre-
« ment et rachapt, avec pacte qu'il plaise à ladicte
« Dame nous accorder que ledict lieu et juridiction
« susdicte ne seront par elle ni les siens, à l'advenir,
« aulcunement aliénés ne tirés de leurs mains et que,
« dores avant, suyvant la bonne, ancienne et louable
« coutume, lesdicts habitans puyssent vivre en pacif-
« fication et tranquillité, suivant notre saincte mère
« Eglise Romaine, sous l'obeyssance du Prince et de
« la susdite Dame... »

Cette requête, dont nous avons tenu à citer les termes, est touchante dans sa simplicité, et l'on ne peut se défendre de sympathie pour les braves gens qui l'ont signée.

D'ailleurs, une circonstance fortuite va favoriser leur désir : c'est le voyage que la Cour entreprend en Languedoc, quelques mois plus tard, au début de l'année 1564. Catherine avait pensé que la présence du roi Charles IX dans une province que ruinaient les luttes intestines, contribuerait à calmer les esprits. Elle arriva à Toulouse le 2 février avec un cortège superbe et s'efforça, par sa bonne grâce et ses faveurs, largement prodiguées, de s'attirer la sympathie publique.

Il faut croire que nos consuls profitèrent de ces bonnes dispositions pour plaider leur cause ou la faire plaider par quelqu'un d'influent, car, dès le 13 juillet suivant, nous voyons Simon de Lanos, lieutenant particulier en la sénéchaussée de Lauraguais, assigner par devers lui : Guillaume de Berry, propriétaire, Etienne Lancefort, premier consul de Villenouvelle et Jehan Trebons son adjoint. Le rendez-vous est dans le village même, « au logis où pend l'enseigne du Daulphin ». Me Sarracény, procureur de la commune et défenseur des intérêts de Sa Majesté, est également convoqué.

Au jour dit, entre dix et onze heures du matin, les plaignants comparaissent et les consuls délégués se déclarent prêts à verser, séance tenante, les douze cent cinquante-trois livres qui représentent le prix de la juridiction. Pour preuve de leur solvabilité et de leur bonne foi, ils exhibent deux gros sacs, bourrés d'écus.

Le procureur les appuie de sa parole et requiert Berry d'accepter l'offre qu'on lui fait. S'il refuse, plaise au juge-commissaire d'ordonner que la somme sera consignée entre les mains du Trésorier royal et les consuls mis en possessions de leurs droits.

Mais Guillaume n'est pas homme à se laisser dépouiller sans mot dire : c'est de son oncle du Cros qu'il tient son héritage et non de la reine Catherine. Il n'a point signé la clause de la vente à reméré et ne la reconnaît pas. Ses droits sont absolus, formels, indépendants de tout traité antérieur, personne ne peut les lui contester.

Réplique de Sarracény, qui montre à grand renfort d'arguments judiciaires que la seigneurie appartient toujours à la reine qui a aujourd'hui comme autrefois le pouvoir d'en disposer.

Les consuls, enhardis par l'éloquence du procureur, reviennent à la charge; Berry, plus obstiné que jamais, recommence à plaider; les débats se poursuivent avec tant d'acharnement et de prolixité que le commissaire royal est obligé d'en renvoyer la suite au lendemain.

Toute une matinée se passe encore en discussions et en contestations. Enfin, Guillaume, réduit à capituler, prend, à son corps défendant, les douze cent cinquante livres et en donne reçu.

Peut-être la vue des pièces d'or et d'argent, complaisamment étalées devant lui, ne fut-elle pas sans influence sur la décision de ce huguenot mâtiné de juif, qu'on accuse d'avoir prêté à usure aux fils de famille et aux cultivateurs dans l'embarras. Ecoutez l'énumération de ce trésor, fait pour tenter un avare autant que pour charmer un numismate :

« 447 casernés et demi-testons,
« 47 pistoles d'or,
« 7 doubles ducats,
« 3 nobles à la rose,
« le reste en croisés d'argent à fleur de lys et monnaie d'argent. »

« Que de labeurs, dit M. de Malafosse, que d'épargne, représentait cet amas d'or et de petite monnaie! Les gros marchands qui étaient nombreux à Villenouvelle avaient apporté les testons, ducats ou pistoles, alors monnaie courante et dont l'or provenait des galions d'Espagne. Mais de quel bas de laine étaient sortis les trois nobles à la rose, vieille monnaie démodée ! »

Il serait curieux de le savoir, mais nos archives restent muettes sur ce point. Des renseignements qu'elles nous fournissent, nous pouvons seulement déduire les difficultés qu'offraient les transactions commerciales avant l'usage de la monnaie légale et des billets de banque.

Les formalités que nous venons de décrire une fois remplies, on pourrait croire le différend terminé. Eh bien, non ! il faut compter encore avec l'esprit inquiet et vaniteux d'un homme qui ne peut se consoler d'avoir perdu son prestige en perdant sa seigneurie. Désolé de son échec personnel, Guillaume essaie de faire agir ses partisans. L'un d'eux, un Trébons, peut-être un parent de l'honorable consul de tout à l'heure et qui, lui-même, avait exercé les fonctions consulaires pendant un certain temps, adresse à messire de Lanos une protestation contre le rachat de la seigneurie. Il refuse sa cotisation et se défend de prendre part à une mesure au sujet de laquelle on ne l'a point consulté.

— N'écoutez pas les arguments de cet homme, répliquent aussitôt les consuls. Il est l'intendant du sieur Guillaume et son complice. Pas un citoyen de Villenouvelle, vraiment digne de ce nom, n'oserait parler de la sorte ! On l'a nommé conseiller de la commune et c'est ainsi qu'il en prend les intérêts ! N'est-il pas honteux de voir un ancien magistrat municipal favoriser un Berry plus que la reine et la « République » ?

Ces paroles, pleines de sagesse, semblent dicter au juge sa sentence, mais un point reste encore à régler et Guillaume en profite pour faire de l'obstruction : il s'agit du « greffe » qu'on veut mettre en adjudication.

— C'est à moi, s'écrie-t-il, que revient le profit de cette opération ! Mon titre de propriétaire me donne la jouissance légale des revenus.

— Prétention insoutenable ! répond Me Sarracény, la seigneurie est vendue, vous ne pouvez rien réclamer de ce qui ne vous appartient plus !

La discussion menace de recommencer, mais cette fois le juge y coupe court et prononce son arrêt. La justice haute, moyenne et basse de Villenouvelle appartiendra désormais à la reine Catherine et les consuls seront chargés d'en assurer l'exécution. Ceci, sauf décision contraire du sénéchal de Toulouse, auquel les parties restent libres d'en appeler.

Aussitôt ce jugement rendu, les clefs des portes de la ville sont remises au procureur et les magistrats municipaux invités à prêter serment. Défense au sieur de Berry, sous peine de quatre mille livres d'amende, de les troubler, désormais, dans l'exercice de leurs fonctions.

Là-dessus, les quatre consuls : Arnaud Mazières, Antoine Laugier, Etienne Armaing et François Trébons, se jettent à genoux et jurent sur l'Evangile de bien et dûment administrer la justice au nom de leur suzeraine et de scrupuleusement veiller à l'observation et maintien de ses droits.

Alors le commissaire leur donne les « chapperons et livrées du Roy, avec injonction de mettre et infliger les armoiries royales aux portes de Villenouvelle et autres lieux émynans ».

Puis, on procède à l'adjudication du greffe, que Jehan Delpy, de Villenouvelle, obtient pour dix livres tournois. Et, nonobstant les dernières réserves que Guillaume s'obstine à formuler, les opérations sont déclarées valides et le procès-verbal établi. Il est écrit sur parchemin grand format et ne comprend pas moins de trente-neuf pages in-folio !

Ajoutons que maître Guillaume se garda de faire appel d'un jugement contre lequel il comprenait que toutes les ressources de la chicane ne prévaudraient pas. Le 3 avril 1565, l'accord qui mettait fin à un trop long procès fut enregistré par Mᵉ Arnaud Mercier, notaire à Saint-Papoul, et, de ce jour, on n'entendit plus parler du seigneur de Berry.

Restait à assurer le fonctionnement de la justice, ainsi que nos consuls en avaient pris la solennelle obligation. Or, un principe du droit ancien voulait que les seigneurs-justiciers n'exerçassent point par eux-mêmes les fonctions judiciaires dans leurs vassalités, mais les fissent exercer par un personnage assermenté qu'on appelait le *bailli*. C'est pourquoi, le 25 novembre 1565, nous voyons messire Jean de Lattier, conservateur du scel mage et conseiller du roi, se rendre à Villenouvelle pour procéder à l'installation de ce magistrat. Les consuls lui proposent le sieur Jehan Raubaly, qu'ils déclarent « homme suffisant, de bonne renommée, de conversation honnête et duement qualifié pour les fonctions qu'on lui destine ». Sur ces assurances, le conseiller royal fait approcher le nouveau juge, reçoit son serment et lui confère l'investiture qui lui permettra d'exercer légalement sa charge.

Justice, administration, finances, tout marcherait à souhait à Villenouvelle, si la lutte religieuse, alors à sa période la plus aiguë, n'était une cause perpétuelle de troubles et d'inquiétude. L'épisode qu'on va lire donne un aperçu de la vie agitée que menaient, à ce moment, nos compatriotes :

« En 1569, dit le consul Salamon, nos ancêtres dé-
« libérèrent de vendre une partie de l'argenterie (le
« trésor sacré) de l'église de Villenouvelle, dite
« Notre-Dame des Anges, pour acheter des couleu-
« vrines qui portaient sur elles l'empreinte de cette
« date, avec poudre, boulets et autres munitions de
« guerre pour le soutien de Sa Majesté, et repousser
« les ennemis de leur bon Prince, de la Religion et
« les perturbateurs du repos public. Cette délibéra-
« tion fut mise à exécution et les habitants de la
« communauté furent se battre contre les huguenots,
« à la ville de Revel. »

Ce procès-verbal ne fut rédigé qu'en 1779, au cours d'une discussion d'ordre administratif dont il n'y a pas lieu de nous occuper ici ; mais nous ne pouvons douter ni de son authenticité, puisqu'il est signé de tous les conseillers en exercice, ni de sa véracité, puisqu'une des vieilles coulevrines est encore là pour l'attester. Il était donc de notre devoir de mentionner, à sa place chronologique, le très important fait historique qu'il relate et que, sans lui, nous eussions toujours ignoré.

Cette levée de boucliers d'une petite commune du Lauraguais, cette croisade contre les ennemis de la religion entreprise par une population d'à peine un millier d'âmes, ne sont-elles pas un signe des temps? La France entière est sous les armes, divisée en deux camps. Chaque province, chaque diocèse est un foyer de guerre civile. Montauban, Castres, Mazères, Revel, sont en lutte avec Toulouse, Muret et Carcassonne. Montluc, Joyeuse, Damville, combattent Montgommery, Coligny, Condé. Bellegarde, sénéchal de Toulouse, recrute partout des soldats. Aux Etats de Carcassonne, tenus quelques mois auparavant, on a décrété un emprunt de cent mille livres « pour réduire les rebelles qui courent la campagne et saccagent les moissons ». On a fait la répartition des troupes et des munitions que chaque diocèse devra fournir « tant qu'il plaira au pays et sans déroger à ses privilèges et libertés ». Vaine formule qui n'exempte personne du sacrifice de la liberté et de la vie !

Reverra-t-on jamais les guerres de religion ? Bien que des événements récents aient pu donner lieu à pareil soupçon, l'hypothèse est trop douloureuse et trop triste pour que nous voulions nous y arrêter. L'une des vieilles coulevrines de 1569 est aujourd'hui remisée dans la salle de la maison commune, mais depuis longtemps elle ne fait plus peur à personne, et l'engin de mort autrefois braqué contre les huguenots n'annonce plus que la fête du village et les réjouissances publiques !

Pendant un demi-siècle, les échos de notre tranquille vallée retentissent encore du fracas de la mousquetade. Montesquieu, notre voisine, est le théâtre d'une lutte sanglante entre protestants et catholiques. En 1586, les frères d'Avessens y soutiennent un siège célèbre contre Joyeuse, accouru à la tête de huit mille hommes de pied et d'artillerie. Quand les assaillants pénètrent dans la ville, elle n'est plus qu'un amas de décombres et les remparts croulent dans les fossés.

Sous Henri IV, l'espoir renaît, la sagesse a raison de la violence, l'édit de Nantes semble un gage de tolérance et de paix. Mais les esprits sont loin d'être apaisés : les provinces méridionales s'agitent, la féodalité vaincue tente un suprême effort et, pour briser les dernières résistances, il ne faudra rien moins que la main de fer de Richelieu.

Deux délibérations, inscrites dans nos archives, sont, pour ainsi dire, les échos des événements tragiques ou célèbres de l'époque. L'une est relative à l'assassinat de Henri IV, l'autre, à la réception du duc de Montmorency.

A la date du 20 mai 1610, on lit dans le registre communal : « On dit que le Roy, notre sire, a été « assassiné. On doit faire garde, la nuit, comme en « temps de guerre, *parce qu'il pourrait arriver des « accidents*. Pendant le jour il y aura des gardiens à « la porte de cers de la ville et la nuit, tous les habi- « tants se rendront au corps de garde pour veiller à « tour de rôle. »

Ces réflexions naïves trahissent l'impression du moment : un mélange de terreur et de tristesse causé par la terrible nouvelle qu'on vient de recevoir! Les habitants des campagnes, encore sous le coup des émotions passées, se demandent avec angoisse si l'ère des fusillades et des massacres ne va pas recommencer?

Neuf années se passent. L'avènement de Louis XIII n'a pas pacifié le Languedoc, mais pour ramener le calme et la tranquillité, on compte beaucoup sur l'habileté du nouveau gouverneur. Beau, élégant, chevaleresque, portant avec autorité le plus grand nom de France, Henri de Montmorency, qui succède à son père, mort dans sa cinquante-cinquième année de gouvernement, est populaire avant même d'être connu. Dès qu'on apprend que, des Etats de Béziers, qu'il vient de présider, il va se rendre à Toulouse par la route de Narbonne, on accourt sur son passage. Il voyage en grande pompe, accompagné de la duchesse sa femme — la célèbre princesse des Ursins — qu'il associe à tous les hommages qu'on lui rend. Villenouvelle est en émoi : les consuls votent l'achat de poudre et de mousquets et nomment un « capitaine de la jeunesse » pour faire exécuter les salves d'honneur et commander l'escorte. C'est une journée d'enthousiasme et de joie ! .

Quel étonnement, parmi ces braves gens, si quelqu'un leur avait dit que le prince tant acclamé reviendrait un jour, par le même chemin, blessé et prisonnier, et subirait, au lieu même où l'attendait une réception triomphale, la peine infamante des suppliciés !

Relevons, en passant, l'expression « *capitaine de la jeunesse* » que nous venons de trouver. Les attributions de ce personnage trouveront leur explication dans l'un des derniers chapitres de cette étude. Pour l'instant, évitons des détails qui nuiraient à l'ensemble et entraveraient la marche du récit.

Les agitations de la guerre ou de la politique favorisent peu, cela se conçoit, l'essor industriel et, pendant la fin du seizième et le commencement du dix-septième siècles, les grands travaux se trouvent plus ou moins interrompus. Mentionnons, cependant, la construction d'un pont sur l'Hers, dont les plan et devis sont dressés, le 21 septembre 1606, par les consuls de Villenouvelle et de Montesquieu réunis. Jusque là, pour se rendre de l'une à l'autre de ces localités, on franchissait la rivière à gué. Le pont fut achevé l'année suivante, mais le chemin vicinal qui unit les deux communes resta, longtemps encore, en fort mauvais état. Ce n'est que beaucoup plus tard que nous verrons entreprendre sa réfection.

A titre de curiosité, signalons encore un jugement

du sénéchal du Lauraguais, rendu le 7 janvier 1608, et portant « condempnation d'esmandes contre Pierre « et Jacques Teysserre, père et fils, et aultres habi- « tans dudict Villenouvelle, pour avoir mangé chair « en jour prohibé ».

Bien que le jugement n'en dise rien, les Teysserre devaient appartenir au culte réformé. L'édit de Nantes, en accordant aux protestants le libre exercice de leur religion, n'avait, ni calmé les haines populaires, ni refroidi les convictions. On imputait à crime aux calvinistes cette inobservance du jeûne et du maigre par laquelle ils se signalaient. On regardait, à tort ou à raison, comme un défi au sentiment public les infractions qu'ils commettaient contre les commandements de l'Eglise. Les tribunaux étaient d'accord avec le peuple pour leur faire payer, le plus cher possible, leur conduite irréligieuse et leur attitude impie. En vain, les condamnés de Villenouvelle en appelèrent-ils au Parlement d'une sentence qu'ils trouvaient injuste ; les seconds juges confirmèrent purement et simplement la décision du premier.

D'après les anciennes coutumes, il y avait obligation formelle, pour toute ville libre, de demander le renouvellement de ses privilèges, chaque fois qu'un nouveau règne commençait. Si les consuls de Villenouvelle s'affranchirent parfois de cette formalité, c'est, ou bien parce qu'ils se trouvèrent momentanément soumis à l'autorité d'un seigneur particulier, comme Guillaume du Cros, ou bien parce que les troubles de la province mirent obstacle à l'exécution régulière des lois.

Mais, sous Louis XIII, le fonctionnement administratif reprend son cours normal et, sur la proposition des consuls, nous voyons ce monarque octroyer des lettres patentes où les droits de la commune sont soigneusement énumérés et solennellement reconnus. Il y est dit que, depuis longtemps, aucun roi n'a renouvelé les privilèges de Villenouvelle, et qu'en 1622, il n'existe aux archives de cette ville que deux chartes : l'une de Louis XI et l'autre de François Ier. La première, comme nous l'avons dit, est aujourd'hui perdue, mais figure sur l'inventaire de 1609 et ne peut, par conséquent, être mise en doute. La seconde, au contraire, dont il n'est fait mention nulle part ailleurs qu'ici, nous semble très hypothétique. Nous ne serions pas éloigné de croire que le scribe chargé de la rédaction a fait confusion entre François Ier et François II, car il évoque la date de 1559.

Quoiqu'il en soit, les lettres de Louis XIII ne font que confirmer, d'une façon générale, les privilèges dont nous avons donné le détail dans le chapitre précédent ; il est donc inutile de les reproduire ici.

Encouragés par l'accueil bienveillant que le roi vient de faire à leur première demande, les consuls de Villenouvelle lui en adressent une seconde, relative à la tenue des foires et du marché. Privilège trop important, font-ils remarquer, et trop nécessaire à la prospérité de la commune, pour qu'ils négligent d'en réclamer la confirmation.

A cette supplique, Sa Majesté répond dans les termes suivants :

« Louis, par la grâce de Dieu Roy de France et de
« Navarre, à tous présents et à venir, salut. Nous
« avons reçu l'humble supplication de nos chers et
« bien amés les manans et habitans du lieu de Ville-
« nouvelle en notre comté du Lauragois, contenant
« qu'à cause de la bonté et fertilité dudit pays ; et

« affin de leur donner plus de comoditté, et aux
« marchans forains et circonvoisins d'alentour le
« commerce et débit de leurs marchandises, les Roys,
« nos prédécesseurs leur auroient permis tenir audit
« lieu un marché le jeudi de chacune sepmaine et
« deux foires par chacun an, dont ils auroient tou-
« siours jouy, sinon depuis le règne de Henry second,
« qu'ils ont négligé à la confirmation d'icelles; la-
« quelle ils nous ont à présent supplié très humble-
« ment de vouloir octroyer.

« A ceste cause, inclinant libéralement à la suppli-
« cation desdits exposants, avons confirmé, aprouvé
« et estably, confirmons et establissons audit lieu de
« Villenouvelle un marché le jeudi de chacune sep-
« maine et deux foires l'an, savoir : la première des-
« dites foires, le jour de saint Mathias, vingt-quatre
« febvrier, et la seconde le jour de saint Mathieu,
« vingt-uniesmes septembre. Esquelles foires et mar-
« ché, voulons et permetons que les marchans y puis-
« sent aller, venir, séjourner et retourner, vendre et
« acheter, troquer et eschanger toute sorte de mar-
« chandises licittes, et en icelle jouir et uzer ès
« autres foires et marchés dudit pays, pourvu qu'il
« y ait ausdits jours autres foires et marchés à deux
« lieues à la ronde. »

Successivement, cette charte et la précédente sont enregistrées par le juge-mage de Lauraguais, contresignées gar le Procureur du roi et ordonnancées par le Sénéchal.

Après quoi, au dos du même parchemin, on mentionne que la publication en a été faite par les sergents ordinaires des villes de Montesquieu, Baziège et Villefranche et cinq sols payés à chacun d'eux.

IV

Les droits utiles sont acquis par Marc-Antoine d'Aldéguier. Les sieurs Jougla, de Viguier et de Callages tentent vainement de se faire reconnaître pour seigneurs-justiciers.

Aussitôt que les troubles intérieurs ont pris fin, la guerre s'allume aux Pays-Bas et gagne les frontières du Rhin, de l'Italie et des Pyrénées. Pour faire face aux nouvelles charges de l'Etat, les biens de la Couronne sont remis en vente, tout comme au temps de Henri II. La malheureuse petite seigneurie de Villenouvelle subit le contre-coup de ces tribulations: disputée entre des acquéreurs étrangers, avides d'honneurs ou de richesses, et ses habitants, jaloux de leur indépendance et de leurs droits, elle sera jusqu'à la fin de la monarchie, l'objet d'une lutte acharnée où la ruse l'intrigue, et surtout l'argent ne manqueront pas de jouer leur rôle habituel.

Le 7 octobre 1639, à la suite d'une publication faite par les commissaires royaux, comparaît, devant le greffe de la Cour, noble Jean de Recordère, seigneur de Saint-Léon et de Caussidières, lequel « offre donner au Roy, de la Justice haute, moyenne et basse « de Vilenouvelle, baillie, albergue, four banier, censives, lods et généralement tous droits de revenus « qui peuvent appartenir à Sa Majesté, la somme de « mille livres et le sol d'icelle en plus ».

Cette première offre est faite de gré à gré; mais, pour obéir à la loi, il faut une adjudication publique.

Elle a lieu le 3 février suivant dans la maison de Jean de Bertier, premier Président du Parlement de Toulouse, sur la mise à prix de « mil livres ». Aucun surenchérisseur ne se présentant, Jean de Recordère est déclaré adjudicataire, mais adjudicataire provisoire seulement, jusqu'à une nouvelle vacation fixée au 10 février 1640. Ce jour-là, messire de Recordère ayant porté son offre à mille vingt livres sans qu'aucune surenchère se soit encore produite, il est proclamé acquéreur définitif.

Mais le voilà qui déclare n'être que le représentant et le mandataire de la communauté de Villenouvelle au nom de qui il a traité... Craignant de voir leur chère seigneurie leur échapper encore une fois, nos rusés consuls ont usé d'un stratagème : ils ont suscité un homme de paille, un personnage affublé d'un nom ronflant, ayant toutes les apparences d'un riche seigneur très décidé à disputer à prix d'or à ses compétiteurs l'objet de sa fantaisie. L'effet obtenu, les concurrents évincés, la vente effectuée à bas prix, le faux acquéreur s'est éclipsé et les vrais propriétaires sont apparus, enchantés du bon tour qu'ils avaient imaginé.

Si l'on se rappelle qu'environ un siècle plus tôt la commune a déboursé douze cents livres pour le seul droit de juridiction et que Guillaume du Cros en a versé trois mille cinq cents pour obtenir le four, l'albergue, le greffe et la notairie, on reconnaîtra que nos consuls n'ont pas fait un mauvais marché !

Mais la seule chose qu'ils aient vraiment à cœur, c'est la « Justice ». Par elle, ils ont tout le pouvoir nécessaire et toute l'autorité voulue. Des droits utiles ils n'ont cure et préfèrent les céder à un étranger qui les débarrassera d'une gestion difficile et compliquée. C'est pourquoi, le 21 février 1641, Hugues

Bousquet, marchand et premier consul de Villenouvelle, se rend à Toulouse, au domicile de messire Marc-Antoine d'Aldéguier, conseiller du Roy et receveur général des finances, auquel il cède, en vertu des pouvoirs qui lui sont conférés, « tous les droits « seigneuriaux et féodaux que Sa Majesté avait ac- « coustumé de jouir et posséder dans les consulat et « juridiction de Villenouvelle, aultres toutefois que « la Justice haulte moyenne et basse dudit lieu.

« Et ce, moyennant la somme de cinq cent trente- « cinq livres dix sols, qu'est la moitié de mil septante « une livres, pour laquelle l'entière adjudication « avait été faicte.

« Cette somme est comptée en réalles d'Espagne, « pièces de vingt sols et aultre monnoye par le sieur « d'Aldéguier, et prise et retirée par ledit Bousquet, « et pour son propre compte, attendu qu'il a fait l'a- « vance à la commune de ses deniers propres et par- « ticuliers de la somme totale de mil soixante onze « livres ; il demeure créancier du reste. »

La commune de Villenouvelle n'a malheureusement acquis que pour dix ans la jouissance des droits de justice. Sous la minorité de Louis XIV, les troubles de la Fronde et la guerre de Trente ans obligent la Régente à chercher dans une nouvelle vente les ressources financières dont elle a besoin ; et, le 5 janvier 1650, nous voyons un certain Jean Jougla qui s'intitule « capitaine » et « chastellain d'Aspet » se porter adjudicataire du domaine seigneurial de Villenouvelle pour la somme de seize cent vingt-huit livres.

Quelques semaines plus tard, ce Jean Jougla, qui n'est vraisemblablement qu'un homme de paille, dans le genre du sieur Recordère, cède son titre de propriété à Maître François de Viguier, chanoine de Rodez et prieur de Carcenac, pour le prix de dix-huit cent livres.

A Villenouvelle, dès qu'on est informé de cet événement, toute la population est en émoi. Les consuls s'adressent au Parlement de Toulouse, demandant l'annulation d'une vente qu'ils prétendent illégale comme ayant été faite clandestinement, sans les publications et les formalités voulues.

Le tribunal les déboute de leurs prétentions par un arrêt motivé, daté du 3 juillet 1650 ; mais, presque au même moment, le chanoine de Viguier, comprenant sans doute la justesse des arguments qu'on lui oppose et craignant de ne pouvoir jouir en paix de sa nouvelle acquisition, revend à noble Pierre de Calages, seigneur de Bélesta, la seigneurie de Villenouvelle.

En dépit de cette circonstance qui complique la situation et les force à de nouvelles démarches, les consuls de Villenouvelle ne se laissent point décourager. Ils font opposition à la prise de possession du nouveau propriétaire, interjettent appel contre l'arrêt du Parlement et se démènent tant et si bien qu'ils obtiennent l'ajournement de tous les contrats intervenus jusqu'alors, en attendant que la cour suprême ait statué.

Le procès aboutit à une transaction : le 31 octobre 1650, comparaissent devant le notaire de Villenouvelle, d'une part messire de Viguier, agissant tant en son nom personnel qu'en celui du sieur de Bélesta « duquel il se fait fort », d'autre part François Cantalauze, premier consul, assisté de noble Jean de Lhom, écuyer, et de Pierre Tisseyre, délégués du conseil. Le procès-verbal, dressé à la suite de cette réunion, porte que « les parties renoncent à tous les pro-

« cès, tant civils que criminels, pendants devant le Parlement de Toulouse et le Conseil privé de Sa Majesté.

« Le chanoine de Viguier subroge les consuls et
« habitants de Villenouvelle aux droits qui lui peu-
« vent être acquis au moyen du contrat et adjudica-
« tion faits au sieur Jougla par messieurs les Com-
« missaires généraux du Louvre le 5 juin dernier et
« subrogation du 29 mars aussi dernier, sans que
« soubs prétexte dudit contrat lesdits sieurs de Vi-
« guier ni de Bélesta puissent, de présent ni à l'ad-
« venir, prétendre aucung droit, advantage ou pré-
« minence, comme ayant le tout cédé ausdits consuls
« et habitants, sous réserve toutefois de ses droits
« contre le sieur de Bélesta, attendu qu'il ne reçoit
« qu'une partie de la somme qu'il a déboursée pour
« son acquisition, laquelle s'est élevée à dix-huit cents
« livres. »

Les Consuls, de leur côté, pour désintéresser les sieurs de Viguier et de Bélesta de la somme de seize cent vingt-huit livres mentionnée dans la quittance délivrée au premier acquéreur et des frais de l'adjudication, comptent, au vu du notaire et des témoins présents, la somme de mille six cent quatre-vingt-huit livres, en cinq cent cinquante louis de trois livres pièce, et le reste en monnaie.

Dès ce moment, il est convenu que le domaine de Villenouvelle demeurera réuni à la Communauté « sans qu'il en puisse être rien aliéné à l'avenir, pour quelque cause que ce soit, *sauf toujours le rachat que Sa Majesté pourra en faire* ».

Il est arrêté, en même temps, que les « consuls ex-
« poseront aux enchères ledit domaine, qu'ils feront

« publier au prosne, en l'église parrochiale dudit
« Villenouvelle, et la délivrance en sera faicte au
« plus offrant et bien cautionné, après la publication
« des enchères publiquement faite en nombre de
« trois, à divers dimanches ou fêtes consécutives,
« pour estre, les deniers provenant du bailh à ferme,
« employés au paiement des intérêts des sommes
« que la communauté a empruntées pour le rem-
« boursement dudit sieur de Viguier, jusques à ce
« que lesdites sommes ayent été paiées et afférées
« aux nécessités de la communauté. »

La question des frais est réglée par « accommodement », chaque partie supportant la part qui lui incombe.

Tous les titres et quittances concernant cette importante affaire sont remis au premier consul Cantalauze, à charge pour lui de déposer le dossier complet dans le coffre de la communauté, « lequel est muni de trois clefs et fermé à trois serrures ».

V

Règne de Louis XIV. — Dénombrement général.
Dettes des communes. — Emprunt forcé.

Louis XIV ayant atteint sa majorité, les biens de la couronne sont soumis à un recensement général et les possesseurs de fiefs royaux et de biens nobles invités à renouveler leur serment de fidélité.

La statistique établie pour Villenouvelle, en conformité de cet arrêt, nous donne la contenance de son territoire, les attributions de ses consuls, les charges auxquelles la commune est soumise et la liste des personnages qui prélèvent des droits et des impositions sur ses revenus. Nous reproduisons, tel qu'il existe dans nos archives, ce document dont nous n'avons pas besoin de souligner l'importance et l'intérêt :

« Les Presidens Trésoriers généraux et grands « voyers de France au bureau des finances de Tolose, chevaliers, conseilhers du Roy, sçavoir faisons que cejourd'huy, datte des présentes, dans « notre Bureau, procédant à la réception des foy, « homage et serement de fidélité que les pocesseurs « et tenanciers des terres nobles, places, seigneuries, « fiefs, arrière-fiefs ou prenans droits, censives et « revenus, en seul ou en partage avec le Roy dans « l'étendue de notre généralité, doibvent rendre à Sa « Majesté, à cause de son heureux advènement à la « Couronne,

« Conformément à notre ordonnance du deuxième
« janvier mil six cent soixante-quatre,

« Se seroit présenté Me François Cantalauze, no-
« taire et premier consul de la ville de Villenouvelle,
« fondé de suffisant pouvoir par délibération du cin-
« quième du courant, acisté de Courtade, son procu-
« reur, obéissant à nostre dicte ordonnance,

« A déclaré ladicte ville estre scize et située dans
« le diocèse de Tholoze, séneschaussée de Lauragois,
« duquel le Roy est seul seigneur justicier, hault,
« moïen et bas.

« Monsieur de Sérignol, Trésorier général de
« France,

« Le sieur de Maurémont,

« Le Collège de Narbonne,

« La chapelle Saint Dominique, Saint Etienne, de
« Tholoze,

« Le monastère de Prouilhe,

« Le sieur de Lhom,

« Les religieuses de Boulbonne,

« Le sieur Lacalerye (de Lapersonne, seigneur
« de la Callerie), y prenans certains droicts de Di-
« recte,

« La justice exercée par le Séneschal de Lauragois,
« estant annuellement faicts quatre consuls, portant
« livrée rouge et noire, prestant le sèrement ez-
« mains d'un assesseur, lesquels sont juges de la Cri-
« minelle avec l'assesseur, par concurrance avec
« ledict séneschal et ez aulcunes civilles jusques à
« trois livres, ensemble de la police et qu'audict lieu
« ledict Lacalerye y possède certains biens nobles,
« ne saichant la contenance ny à quel titre, confron-
« tant les terroirs de ladicte ville avec ceux de Ba-
« siège, Montesquieu, Montgaihard et Peyrens,

« Déclare aussy que la Communauté jouist et pos-

« sède quarante-six arpans de communal, plus ou
« moings, sous l'albergue de cinq livres, payables
« au Receveur du Domaine de Sa Majesté,

« Requérant, attendu ladicte délibération, qu'il
« nous plust le recevoir aux foy, homage et sère-
« ment de fidélité.

« Ouy, sur ce, Dagret pour le Procureur du Roy au
« Bureau, qu'y a dit n'entendre empêcher que par
« nous soit procédé à la réception desdicts foy, ho-
« mage et sèrement de fidélité, sans préjudice des
« droicts de Sa Majesté et d'autruy, s'il y eschoit, et
« de bailher par adveu et dénombrement dans qua-
« rante jours ladicte Justice criminelle et commu-
« neaux, justifié de bons et valables titres.

« Et tout incontinent, le sieur Cantalauze, à ge-
« noux, teste nue, sans gans, espée, ceinture ni es-
« perons, les mains mises sur le Tegitur (*Te igitur*,
« premières paroles du canon de la messe) croix du
« libre missel.

« Auroit faict les foy, homage et presté le sère-
« ment de fidélité pour ladicte communauté, et pro-
« mis, tant pour lui que pour les autres consuls et
« habitans de ladicte ville, estre et demeurer tou-
« jours très humbles, très obéissants et très fidèles
« serviteurs, subjets et vassaux de Sa Majesté, ne se
« distraire jamais de son obéissance et seigneurie et
« de descouvrir les entreprises qui viendront à leur
« cognoissance contre l'Estat et personne de Sa Ma-
« jesté.

« Desquels foy, homage et sèrement de fidélité par
« nous reçeu, avons ordonné que le Registre en de-
« meurera chargé, soubs les réservations faictes par
« ledict Procureur du Roy, à la charge par lesdicts
« consuls de bailher par adveu et dénombrement
« ladicte justice criminelle et biens nobles, justifié de

« bons et valables titres, pour estre par nous pro-
« cédé à la vérification d'icelle, et sans que le pré-
« sent acte puisse de rien servir auxdicts sieurs de
« Sérignol, de Maurémont, le Collège de Narbonne,
« la chapelle Saint-Dominique, monastère de Prouilhe,
« de Lhom, religieux de Boulbonne, et Lacalerye,
« qu'au préalable ils n'aient faict les foy, homage et
« bailhé par adveu et dénombrement lesdites poces-
« sions, du moins dans quarante jours.

« En tesmoing de quoy ces présantes ont été expé-
« diées audict Cantalauze, consul dudict Villenou-
« velle, pour servir à ladicte communauté, ainsi que
« de raison.

« Faict à Tholose au bureau des Finances et Do-
« maines, le quinzième juilhet mil six cent soixante-
« cinq.

« Signé, DE MADRON, DAGRET.

« Pour les sieurs : MONMÉJEAN. »

Remarquons, en passant, le nom de « Madron » parmi les signataires de cet acte. Cent ans plus tard, un de ses descendants viendra s'établir à Villenouvelle et se trouvera engagé, avec la municipalité, dans un long et formidable procès.

Le Conseil du Roi, non content de procéder à la révision des biens de la Couronne, avait jugé utile d'examiner aussi les dettes des communautés. Beaucoup d'entre elles, en effet, ne trouvant plus, dans leur budget ordinaire, les ressources nécessaires au paiement d'impôts toujours plus lourds et plus nombreux, s'étaient lancées dans une série d'emprunts dont elles ne pouvaient se libérer. Des commissaires spéciaux furent envoyés pour apurer leurs comptes et satisfaire, autant que possible, aux innombrables réclamations des créanciers.

A Villenouvelle, un conseil extraordinaire, composé des consuls et des notables, est convoqué. Après mûre délibération, on décide que les biens communaux seront mis aux enchères et que le produit de cette vente sera affecté à la liquidation du passif :

« L'an mil six cent soixante-neuf et le trois mars,
« à Villenouvelle du Lauragais, maison consulaire
« dudit lieu, assemblés en conseil général, Jean
« Rodes jeusne, Jean Vignaud, Jacques Bernard et
« Jean Viallar, consuls dudit lieu, messire Jean de
« Rudelle, prêtre et recteur de Baziège et Villenou-
« velle, Anthoine Bousquet, substitut de Monsieur le
« Procureur général du Roi, Mestre François Canta-
« lauze, notaire, Jean-André Bousquet, André Rodes,
« Mestre François Dutour, notaire, Jean Fréret, chi-
« rurgien, Sébastien Trébons, bourgeois, Jean Tis-
« seire, jeune, Arnaud Tisseire, Jean Cabas, Guil-
« haume Viallar, Jean Donnat, Pierre Donnat, Jean
« Izalguier, Bernard Valès, Guilhaume Bonnet,
« Guilhaume Trampail, François Izar, Jacques Bon-
« net, François Arnabé et plusieurs autres prudhom-
« mes du Conseil dudit Villenouvelle.

« Auxquels ledit Rodes, premier consul, a repré-
« senté à l'Assemblée que, ayant esté donné requeste
« à son nom et cellui de ses collègues à Nosseigneurs
« les Commissaires députtés par Sa Majesté pour la
« vérification des deptes, villes et communautés de
« cette province, à l'effaict d'avoir permission de
« vendre les biens communaux et vaquans de cette
« communauté à telle personne qui en feront la con-
« dition meilheure pour subvenir à l'acquittement de
« partie des deptes de cette communauté, suivant ce
« qui est porté par l'arrest du conseil et les ordon-
« nances desdits seigneurs commissaires, ils au-

« raient rendu ordonnance le vingt-unième febvrier « dernier portant que dans la huictaine iesdits con- « suls feront prendre deslivération et conseil général « sur la vante de leurs communaux pour après es- « tant raportée devers eux, estre ordonné ce qu'il « appartiendra et parce qu'il est absolument néces- « saire de deslivérer positivement sur l'exécution de « ladite ordonnance, sans quoi il est impossible d'ob- « tenir la vériffication des deptes qui restent à vérif- « fier, ce qui causerait un grand préjudice et do- « mage à la communauté par les saisies qui pour- « roient estre justement faictes par les créanciers « contre les obligés.

« Sur quoy, après délibération a esté reconnu « qu'atandu que la voye de la vante desdits biens « est la plus facille et moins préjudiciable, lesdits « biens doivent êtrè vendus au dernier enchérisseur « et les deniers en provenans employés au paiement « de partie des debtes et en cas d'insuffisance que ce « qui restera pour l'entier acquittement des sommes « dues aux créanciers leur sera payé par choécation « (coéquation, imposition extraordinaire au marc le « franc) q... l'assemblée obte (vote) et ce, suivant et « à proportion de l'allivrement (inscription au cadas- « tre) de chacun de ses habitans...

« Le sieur Sébastien Trébons a offert alors bailher « ausdits consuls les comptes et pièces justifficatives « concernant la debte de Catherine de Sauton de « sept cents livres et aussi les comptes et pièces jus- « tifficatives de 600 livres deues à demoiselle de « Carla, femme de Monsieur de Montagut advocat « en Parlement de Thoulouze, desquels comptes et « pièces, ledit Rodes, premier consul, se chargera et « ainsi conclud et se sont signés ceux qui ont seu :

« Pour extrait : Cantalauze, notaire royal. »

Suit l'ordonnance des Commissaires royaux, approuvant et homologuant la précédente délibération, à la date du 3 avril 1669.

Pendant trois dimanches consécutifs, le 29 juin, les 6 et 13 juillet 1669, maître Jean Avignon, sergent ordinaire des consuls de Villenouvelle, proclame « à « haute voix et cri public, au-devant de l'église « paroissiale, issue de la grand-messe, le peuple « sortant d'icelle » que les biens communaux sont « mis en vente à raison de *cent cinquante francs* « *l'arpent* », en ayant soin d'ajouter qu'il a mission expresse de recevoir les offres sur cette mise à prix.

Malgré la modicité de cette enchère, par procès-verbal signé du sergent Avignon et de deux témoins, il est constaté qu'aucun adjudicataire ne s'est présenté pendant trois séances consécutives.

Devant cet insuccès, les consuls demandent à Messieurs les Commissaires de les autoriser à tenter une nouvelle épreuve, mais elle n'est pas plus satisfaisante que la première et l'on est obligé de rester dans le *statu quo*.

Que se passa-t-il ensuite? Un acquéreur se laissa-t-il tenter? Les biens communaux furent-ils vendus à l'amiable ou cédés en nature aux créanciers? Nos archives restent muettes à cet égard, mais à l'occasion d'un nouveau dénombrement, établi le 21 août 1680, les consuls déclarent que « la communauté possédait autrefois quarante-cinq arpents de bois ou terrains communaux, *lesquels furent employés à l'extinction de différentes dettes* ».

Les dernières années du règne de Louis XIV sont attristées par la guerre, et les impôts de toutes sortes, y compris celui du sang, pèsent lourdement sur le peuple. Cette période est, après celle des guerres de religion, et jusqu'en 1789, la plus dure que nos populations rurales aient eu à traverser. Pour faire face aux charges publiques, chaque commune est assujettie à une taxe qui varie suivant son importance et qu'on prélève sous forme de prêt à l'Etat. C'est, en d'autres termes, l'emprunt forcé. Il est convenu qu'on servira aux créanciers un intérêt au denier seize, c'est-à-dire à 6 fr. 25 0/0.

En exécution de cette mesure, la commune de Villenouvelle « verse la somme de *douze cent soixante « et quinze livres* à laquelle elle a été taxée par la « rolle de modération arrêté au conseil le 7 février 1713 « pour être, elle et ses successeurs et ayant cause, « confirmée à perpétuité en la possession et jouis« sance du domaine de Villenouvelle, consistant en « la justice et autres droits, et jouir de cinquante« six livres cinq sols de gages, dont le fonds sera « laissé dans l'état des domaines de la généralité de « Toulouse, savoir : pour les cinquante-six livres « cinq sols de gages, neuf cens livres, et pour la « confirmation : trois cent soixante et quinze li« vres ».

La quittance de cette somme est délivrée à Paris le 22 février par messire Claude Lebas de Montargis, conseiller du Roi en ses conseils et garde du Trésor royal.

VI

Règne de Louis XV. — Nouveau dénombrement. Evénements célèbres et réjouissances publiques. Le procès Madron. — Villenouvelle sous Louis XVI et pendant les dernières années de la monarchie.

Peu après l'avènement de Louis XV, le 2 juillet 1717, un nouveau dénombrement a lieu sur l'ordre des grands officiers de la généralité de Toulouse. L'hommage est rendu par messire Jean Gailhard, premier consul de Villenouvelle, et dans la liste des possesseurs de fiefs et de biens nobles, nous relevons : « Jean Puget — Pierre et Marie de Lapersonne — le sieur de Vers — Pierre et Jean Desbarrats — Marc-Antoine Cantalauze — Noble François de Barthélemy — Jeanne de Beudes — Les Religieuses de Castelnaudary — Les héritiers de Pénavant — Pierre Tesseyre — Guillaume Dupérié. »

La majorité de Louis XV, survenue en 1723, obligeait à renouveler, encore une fois, la même formalité. Les consuls de Villenouvelle avaient-ils oublié leurs obligations ou les avaient-ils négligées volontairement ? Toujours est-il qu'ils sont sévèrement rappelés à l'ordre et que les biens de la communauté se trouvent un moment placés sous séquestre.

Grand émoi dans le conseil ! Jean-François Cantalauze, assisté de Castel, procureur, se rend au plus vite à Toulouse, au bureau des finances, pour, aux termes du procès-verbal, « rendre à Sa Majesté les « foy, homage et serment de fidélité pour raison de « ce que la ville jouit et possède noblement, consis- « tant en la Justice haute, moyenne et basse, directe « et foncière du lieu de Villenouvelle, communaux, « four banal et autres facultés et privilèges. »

Après avoir prêté serment, Cantalauze demande la levée de la saisie féodale exercée contre la communauté, ce qui lui est accordé, sous la promesse faite par lui de produire, dans un délai de quarante jours, le dénombrement des biens de ladite communauté, avec titres à l'appui.

Le dénombrement en lui-même a disparu de nos archives, mais nous avons conservé le commandement qui le prescrit. Il nous donne une idée assez curieuse de la façon dont s'accomplissaient ces sortes de formalités :

« Les Présidents, Trésoriers généraux, Chevaliers « et grands Voyers de France au bureau des finances « et domaines, en la généralité de Toulouse, vu la « requête, etc..., nous avons ordonné qu'à la dili- « gence de la communauté, il soit procédé à la lec- « ture, publication et affiche du dénombrement en « question au-devant de l'église paroissiale dudit lieu « de Villenouvelle où lesdits biens sont situés, à « l'issue de la messe de paroisse, pendant trois di- « manches consécutifs, par un huissier ou sergent « royal, et à l'auditoire du Sénéchal de Lauragois, « les plaids tenans, pendant trois jours d'audience, et « que, dans quarante jours, ladite communauté rap- « portera lesdites publications avec les pièces justifi- « catives du contenu audit dénombrement, pour en-

« suite être procédé à la réception et jugement « d'iceluy.

« Fait à Toulouse, au bureau des Finances et Do- « maines, le septième febvrier mil sept cent vingt- « quatre. — Collationné : Colomiez. »

De 1729 à 1745, le registre des délibérations communales nous apporte l'écho de toute une série d'événements historiques plus ou moins célèbres. D'abord, la naissance du Dauphin, annoncée en ces termes à la date du 2 octobre 1729 : « Dans tous les endroits « du diocèse, on fait des réjouissances publiques et « particulières à cause de la naissance de Monsei- « gneur le Dauphin. Par celles qui se feront à Ville- « nouvelle, on prouvera le plaisir que l'on ressent « *du favorable présent que la Reine vient de faire à* « *la France.* » A la suite de cette déclaration galante et patriotique, les consuls ordonnent un feu de joie, commandent d'exécuter des salves d'artillerie et de mousqueterie, et invitent les particuliers à illuminer leurs maisons, *à peine de cinq sols d'amende pour ceux qui contreviendraient à cette prescription.*

Dix ans plus tard, c'est la signature du traité de Vienne qui fait l'objet d'une nouvelle fête villageoise : « Par le sieur Calbayrac, premier consul, a été pré- « sentée l'ordonnance du Roy du 28 mai dernier pour « la publication de la paix conclue avec Sa Majesté « l'Empereur, les Electeurs et les Princes de l'Em- « pire, et une lettre de M. d'Avessens (subdélégué de « l'Intendant) qui marque de faire ladite publication « avec les formalités accoutumées... Sur quoy, a esté « délibéré qu'on fera un feu de joye auquel les sieurs « consuls, principaux habitans et autres, assisteront, « et que, pour ce fait, il sera employé la somme de

« vingt cinq livres, soit pour l'achat du fagot, poudre « et autres frais qu'il convient de faire en de pa- « reilles occasions. Messieurs les consuls auront la « bonté de nommer et commander vingt hommes qui « seront armés chacun d'un fusil, qui seront conduits « par M. Carcassès, capitaine de la *junesse*, lesquels « hommes, avec ledit capitaine, accompagneront les- « dits sieurs consuls au feu et y feront les descharges « comme il est d'usage. Et sera payé cinq sols à « chacun desdits soldats, laquelle somme sera allouée « ausdits sieurs consuls après le compte qu'ils en « rapporteront et pourvu à leur remboursement par « l'indication qui leur en sera faite d'avoir un tam- « bour et hautbois, et ainsi conclu et délibéré. »

Nos conseillers montrent moins d'enthousiasme pour la prise du comté de Nice, survenue en 1744, au cours de la guerre de la succession d'Autriche ; ils n'allouent que *trois livres* à la célébration de ce haut fait d'armes, ajoutant d'ailleurs, pour s'excuser, que « *la communauté ne saurait dépenser davantage sans la permission de Monseigneur l'Intendant* ».

Quand, au cours de cette même guerre et à la fin de cette même année, on leur annonce que le roi Louis XV, tombé gravement malade à Metz, a été rendu providentiellement à la santé, ils manifestent plus bruyamment, mais presque aussi économiquement, leur satisfaction : le feu de joie, l'illumination du clocher, le tambour, le hautbois et les décharges de mousqueterie ne coûtent que *sept livres* aux contribuables, sans préjudice des « cinq sols d'amende », toujours applicables à ceux dont l'enthousiasme ne se manifeste pas assez ouvertement.

Vers la fin du règne, survient entre la commune et

le sieur de Madron le curieux procès dont nous avons incidemment parlé. M. de Madron habite le château de Villenouvelle ; il s'intitule « seigneur de Villenouvelle », mais — remarque importante — il n'est que *seigneur foncier* et non *seigneur justicier*. En achetant, en effet, vers 1748, à un descendant de Marc-Antoine d'Aldéguier, sa terre et sa seigneurie, il a fait une acquisition purement territoriale qui ne lui confère aucune autorité sur les gens du consulat. Il jouit de certains *droits utiles*, mais il n'a point les *droits honorifiques* qui, depuis Guillaume du Cros, sont toujours restés la propriété exclusive des consuls. Cependant, quelques années plus tard, à l'occasion de la mort de sa femme, le voici qui réclame, pour lui et les siens, le droit de sépulture dans le chœur de l'église de Villenouvelle. Cette prétention est grave, car, aux termes des anciennes coutumes, elle est l'apanage exclusif du « seigneur haut-justicier ». L'admettre, ce serait compromettre l'indépendance de la commune et méconnaitre les privilèges traditionnels de ses habitants ; aussi les consuls la repoussent-ils avec la dernière énergie.

Les avocats de M. de Madron font valoir, de leur côté, les raisons plus ou moins spécieuses que voici : Guillaume du Cros, disent-ils, fut un des principaux bienfaiteurs de l'église de Villenouvelle ; c'est à lui, notamment, qu'on doit l'érection des deux chapelles de Sainte-Catherine et de l'Assomption ; ces libéralités devraient lui valoir la reconnaissance des habitants, et l'on ne saurait, sans ingratitude, refuser à ses successeurs le droit de se faire enterrer dans le sanctuaire qu'il a embelli et restauré.

Argument sans valeur ! répliquent leurs adversaires : Guillaume du Cros, créé capitoul en 1563, c'est-à-dire quelques mois avant de mourir, devait être bien jeune, à supposer même qu'il fût né, à l'époque de la construction de l'église *Celle-ci remonte à 1509, ainsi que le constatent les registres de la paroisse;* la pensée de choisir le lieu de sa sépulture n'a donc pu lui venir si prématurément. S'il a été enseveli dans le caveau du chœur, ce que personne ne conteste, c'est en qualité de seigneur justicier, titre qu'il avait acquis pour lui-même, mais qu'il n'a pu transmettre aux siens, puisque les consuls le rachetèrent à Guillaume de Berry, son héritier direct.

En admettant que ce privilège eût été héréditaire dans la famille du Cros, les membres de cette famille n'eussent pas manqué de s'en prévaloir à l'époque où les consuls de Villenouvelle décidèrent de transformer la chapelle Sainte-Catherine en sacristie.

Enfin, les obits (dispositions instituant des messes mortuaires) fondés par les du Cros ne font aucune mention de cette chapelle, non plus que de celle de l'Assomption, et ne stipulent pas que les services anniversaires s'y doivent célébrer plutôt qu'au maitre-autel ou à tout autre endroit.

Pour toutes ces raisons, les réclamations du demandeur ne sont point recevables et ne sauraient être prises en considération.

Ce qui rend le procès Madron curieux, parfois même amusant, c'est l'acharnement des adversaires, la variété de leurs arguments, la multiplicité des griefs qu'ils invoquent les uns contre les autres et qu'ils inventent au besoin. L'unique fontaine qui alimente le village en eau potable se trouvant enclavée dans le parc du châtelain, celui-ci ne trouve rien de mieux que d'en interdire l'accès aux habitants. Tout aussitôt, les consuls font, par représailles, élever dans l'église, un immense banc d'œuvre qui transforme la chapelle du seigneur en prison. L'« emmuré » ne se tient pas pour battu : pour mieux affirmer ses droits, il fait peindre ses armoiries sur les murs de son oratoire et défend à qui que ce soit, même aux marguilliers, d'y mettre les pieds. Trois de ceux-ci, Bernard Carcassés, Pierre Bélou et François Bernède, viennent se plaindre au conseil : ils racontent que, le 25 février 1758, M. de Madron a fait jeter par sa servante, au beau milieu de l'église, le « livret des offrandes » qu'ils avaient coutume de déposer sur l'autel de l'Assomption. La vengeance ne se fait pas attendre : le parvis ayant besoin de réparation, on couvre tout le sanctuaire d'un dallage épais sous lequel le caveau, le fameux caveau, objet primitif de la discussion, disparait entièrement. Assignés pour ce nouveau délit, les consuls répondent en citant un arrêt du Parlement qui défend les inhumations privées dans les églises. En même temps, ils accusent leur adversaire de faire vendanger ses vignes en temps prohibé, de louer les dépendances de son château à des gens sans aveu qui sont un danger permanent pour le village, et d'une foule d'autres méfaits.

Pendant quatre ans, ce ne sont que constats d'experts, assignations d'huissiers, procès-verbaux, citations. L'affaire se plaide devant le Sénéchal de Castelnaudary avec des lenteurs interminables et des frais exorbitants. En 1758, on a déjà mangé cinq cents livres et l'on demande à l'Intendant la permission d'en emprunter mille de plus. On épuise toutes les subtilités de la chicane, toutes les formalités de la procédure et pendant ce temps Villenouvelle meurt de soif.

Enfin, on termine par où l'on aurait dû commencer : le 24 avril 1762, quatre délégués du conseil vont discuter avec M. de Madron les termes d'un accommodement. Il y a bien encore quelques revenez-y de brouille et de procès, certaine vigne pour laquelle le châtelain réclame des droits de lods qu'on refuse de lui accorder, mais, la lassitude aidant, tout finit par s'arranger. Les tribunaux sont dessaisis de la plainte, les parties signent une convention amiable et la délibération du 15 janvier 1764 nous apprend que l'usage de la fontaine publique a été rendu aux habitants.

Ce procès Madron, tout rempli de discussions oiseuses et de plaidoiries mesquines, n'est, au fond, qu'une nouvelle phase de la lutte que Villenouvelle soutient, pendant trois siècles, pour la défense de ses libertés. Ici, comme dans le procès du Cros, comme dans le procès Viguier, les franchises municipales sont en opposition directe avec le pouvoir absorbant des suzerainetés. Qu'un personnage intriguant réussisse à se faire attribuer certains privilèges spéciaux et le voilà, par la force même et la vertu des anciennes coutumes, intronisé *seigneur justicier*, c'est-à-dire maître omnipotent d'une commune où il n'était rien auparavant. Dès lors, on s'explique l'acharnement des adversaires et l'intérêt que tout un village apporte à la solution du duel engagé entre ses consuls et le seigneur voisin.

Incidemment, un point historique important, sur lequel nous n'avions aucune donnée, la date de la construction de notre église, se trouve mis en lumière et subitement éclairci. A tous ces points de vue, le procès Madron constitue un des chapitres les plus intéressants de nos archives, et le profit que nous en tirons nous fait passer sur l'ennuyeuse chicane des procureurs et l'insignifiant verbiage des avocats.

Louis XVI est monté sur le trône en 1774; il a

inauguré son règne par un acte de générosité en renonçant au droit de *joyeux avènement*. Les conseillers de Villenouvelle députent le sieur Carcassès, premier consul, pour aller rendre l'hommage au nouveau souverain par devant messeigneurs les Trésoriers de France en la Généralité de Toulouse, mais, conformément à la promesse royale, les dépenses se borneront, pour cette fois, aux frais d'écriture et de parchemin.

En novembre 1781, sur l'avis donné au conseil de la naissance d'un Dauphin, on chante un *Te Deum* solennel et le peuple se livre aux réjouissances habituelles.

Les mêmes manifestations de joie se renouvellent quelques années plus tard (mai 1785), à la naissance du *duc de Normandie*. Elles se fussent sans doute changées en manifestations de tristesse si l'avenir, dévoilé tout à coup, eût montré le premier de ces princes mourant tout jeune à la veille de la Révolution et le second, trouvant dans le titre même dont il héritait par un caprice de la fatalité, la cause de son affreux martyre et de sa fin prématurée !

Les grands événements qui vont révolutionner la France auront leur contre-coup jusque dans les villages les plus reculés : à Villenouvelle, leur prélude éclate en février 1789, lorsque le conseil municipal, répondant à une invitation venue de Toulouse, envoie son premier consul, M. Soulages, prendre part à la nomination des députés aux Etats Généraux.

A partir de cette époque, une lacune regrettable existe dans nos archives, le registre des délibérations communales s'interrompt de 1789 à 1793 et nulle pièce officielle ne nous vient guider dans l'histoire de cette émouvante période. Aussi bien, notre tâche est terminée; c'est sous l'*ancien régime* que nous nous étions proposé de retracer l'histoire de Villenouvelle, et nous laissons à d'autres le soin de poursuivre plus près de nous les recherches et les investigations.

Mais à côté de l'histoire politique que nous venons de résumer, il nous reste à raconter l'histoire agricole, l'histoire industrielle, l'histoire religieuse, l'histoire administrative, de notre petite cité. Ce sera l'objet des chapitres suivants. Nous nous efforcerons d'y grouper une foule de détails intéressants par eux-mêmes mais qui n'eussent pu s'intercaler dans l'ensemble sans nuire à la chronologie générale et sans ralentir la marche du récit.

DEUXIÈME PARTIE

VII

**La vie industrielle et commerciale.
Cadastre de 1688. — Le château et ses habitants.
Principaux notables de la commune.
Chiffre de la population. — La ville et ses fortifications.
Entretien de la voirie.
La fontaine publique, le four banal et la boucherie.**

Avant d'entamer ce chapitre, consultons un vieux manuscrit qui porte la date de 1633 et contient, sur la Villenouvelle d'alors, sur ses habitants, son territoire, son agriculture et son commerce, des renseignements intéressants. C'est un ancien cadastre, que son possesseur actuel, M. Gaston de Saint-Sauveur, a bien voulu mettre à notre disposition. Il n'est sans doute pas le premier de son espèce, car au dix-septième siècle, le système cadastral était déjà adopté en France depuis longtemps, mais tous les documents antérieurs du même genre ayant disparu de nos archives, nous ne pouvons nous appuyer sur eux pour un travail de statistique.

Celui-ci contient, comme tous les « *compois* » ou « *livres terriers* » de l'ancien régime, la liste des propriétaires de la commune, avec, en regard du nom, le détail des terrains ou des immeubles que chacun possède et la part contributive qui lui est affectée.

La première page relate le procès verbal de son établissement : « Livre d'estime et compois fait à Vil-« lenouvelle de Loragois, diocèze de Toulouse, en « l'année mil six cent trente-trois, commensé le on-« zième juillet de ladite année par délibération du « conseil retenue par Me Bernard Cantalauze, notaire « royal dudit lieu, à la diligence des sieurs Jean Ro-« des, Guilhaume Bernède, Arnaud Baladié et Ar-« naud Eymes, consuls dudit Villenouvelle, lesquels « auraient passé contrat avec moy Jean Olivier, ar-« penteur de Sauzens, soubsigné, par lequel me se-« rois chargé de faire l'arpentement des maisons, « terres et possessions dudit lieu, ce que j'ai fait « avec l'assistance de Me Barthélémy Lestrade, no-« taire royal, et des sieurs Pierre Trébons, Jean « Fors et autres habitans qui m'ont indiqué les pièces « d'un chacun et baillé les *terminis* et confrontations « d'icelles. Et ledit arpentement fait, a esté procédé « à l'estimation de toutes les terres contenues dans « ladite juridiction par Jean Rivière et Bernard De-« lhom, habitans de Labastide de Beauvoir, estima-« teurs nommés et accordés par lesdits habitans, « acistés et accompagnez de moy Olivier, qui, à leur « relation, ay mis à chacun article l'estimation par « eux faite et fait la supputation et calcul suivant et « conformément à la table portée par l'ancien cadas-« tre, confirmée et arrestée par délibération du con-« seil laquelle est cy apprès insérée et escritte tout « au long comme suit... »

Nous reviendrons, au chapitre de l'agriculture, sur la décision et l'évaluation des terrains ; pour l'instant, occupons-nous de la propriété bâtie :

Les maisons de la ville qui, soit au nord, soit au midi, prenaient jour sur les remparts, payaient 4 deniers par canne carrée (3 mètres environ).

Celles du centre, confrontant à deux rues, payaient 3 deniers pour les bâtiments et moitié moins pour les jardins.

Les maisons des faubourgs, de cers ou d'autan, étaient taxées au même prix.

Les habitations hors des murs et le Château ne payaient que 2 deniers; les bâtiments de Saint-Sernin, 1 denier seulement.

En comparant ces prix à ceux d'aujourd'hui, en tenant compte de l'impôt sur les portes et fenêtres qui n'existait pas autrefois, on en arrive à conclure que la contribution sur les immeubles a presque décuplé depuis trois cents ans.

Le livre terrier de 1633 nous renseigne sur la position de l'ancien Château; il était bâti dans un coude du Merderic, borné au nord et à l'est par ce ruisseau; au midi par des champs qui le séparaient de la route de Narbonne; à l'ouest par le village.

Son enclos renfermait la fontaine ancienne qui subsiste encore, mais n'est guère plus utilisée que par les gens du *Barri* (*Faubourg du nord-est*).

Sur les bords du Merderic, et dépendant aussi du Château, était un « Moulin d'eau » qui devait moudre bien peu et bien rarement, à en juger par le faible débit du ruisseau. Mais il est à constater qu'aux dix-septième et dix-huitième siècles les moulins et moteurs hydrauliques de toute espèce étaient, en dépit de leur construction rudimentaire et de leur mécanisme imparfait, beaucoup plus multipliés qu'aujourd'hui.

En 1633, le Château de Villenouvelle est habité par la famille *de Viguier*. Ces Viguier étaient-ils ceux de Paule de Viguier, baronne de Fontenille, célèbre dans tout le Midi sous le nom de la « Belle-Paule »? Rien n'empêche de le supposer. Et l'hypothèse est d'autant plus plausible que les Viguier de Toulouse avaient des propriétés en Lauraguais.

Parmi les notables de Toulouse, citons les *Delhom* ou *de Lhom*, dont plusieurs furent consuls.

Les *Cantalauze*, famille notariale, dont un membre est cité dans le procès-verbal d'établissement du compois.

Les *Trébons*, qui comptent dès le seizième siècle et jusqu'à la fin du dix-septième, au nombre des bourgeois influents de Villenouvelle.

Les *de Guibert*, qui ne sont plus représentés, en 1633, que par une vieille fille en la personne de qui s'éteindra la branche de Villenouvelle.

Les *de Lapersonne*, qui avaient une maison dans le bourg, au quartier de la Tuilerie, un château à la Callerie, un moulin et une propriété sur l'Hers, au lieu dit de Sabartier, ce qui fait qu'on les appelle tantôt *sieurs de la Callerie*, et tantôt *sieurs de Sabartier*. Ils furent, pendant près de deux cents ans, au nombre des consuls ou des conseillers politiques de Villenouvelle.

Les *de Saint-Félix*, seigneurs de Maurémont, ont possédé de tout temps des biens importants sur le territoire de Villenouvelle. En 1633, la métairie de la Garde leur appartenait.

Vers la fin du dix-septième siècle, nous voyons apparaître les *de Barthélémy*, les *de Clauzelles*, les *de Vers* qui, sans habiter effectivement la commune, y jouissent de revenus importants.

Certaines congrégations religieuses, telles que la

Collégiale de Narbonne, la *Chapelle Saint-Dominique de Toulouse*, les *Religieuses de Prouilhe*, le *Couvent de Boulbonne*, sont dans le même cas.

Nous pouvons ajouter à cette liste le *Chapitre de Saint-Etienne*, qui prélève une partie de la dîme affectée à l'entretien du culte et au traitement des desservants de la paroisse.

Les *Gailhard*, vieille famille bourgeoise du Lauraguais, font leur apparition à Villenouvelle avec l'avocat au Parlement qui entre au Consulat en 1766 et ne tarde pas à devenir premier consul. Le maire actuel (1906) est un de ses descendants. C'est à son obligeante communication que nous devons une partie des documents qui figurent ici.

Les *de Palaprat*, vieille famille toulousaine à laquelle appartenait l'auteur du *Grondeur* et de l'*Avocat Pathelin*, étaient co-seigneurs de Montesquieu et voisins seulement de Villenouvelle, mais voisins très proches puisque leur habitation de *Bigot* s'élevait sur l'autre bord de l'Hers. Et comme nous les verrons en contestations fréquentes avec la commune, précisément à cause de ce moulin, il était nécessaire de les nommer.

La population de notre commune a varié beaucoup depuis quatre cents ans. Les deux paroisses de Villenouvelle et Saint-Sernin réunies comptaient environ neuf cents âmes à la fin du quinzième siècle. La création de la route de Narbonne favorisa leur accroissement et augmenta sensiblement ce chiffre, mais les guerres de religion le diminuèrent. A la fin du règne de Louis XIII, la commune prit un nouvel essor et sous Louis XV elle comptait près de douze cents habitants. Ce fut son apogée ! Les guerres du premier Empire firent beaucoup de tort à nos campagnes et, plus tard, la facilité croissante des communications, la création des routes et des chemins de fer achevèrent de les appauvrir au bénéfice des grandes villes. A partir de 1850, la dépopulation s'accentue rapidement et nous arrivons au chiffre un peu humiliant d'aujourd'hui, six cents âmes, environ !

Nous avons vu que Villenouvelle fut, dès son origine, entourée de fortifications. Se défendre était, au moyen âge, la première préoccupation des hommes qui mettaient en commun leur commerce et leurs intérêts. Ceux des villes libres en sentaient, plus que les autres, la nécessité, puisqu'ils ne vivaient pas, comme eux, sous la protection naturelle et, en quelque sorte obligatoire, du donjon seigneurial.

D'ailleurs, par « fortifications » qu'on n'aille pas se figurer un ensemble de défenses à la Vauban, avec escarpes, contrescarpes et glacis. Un fossé de deux à trois mètres de profondeur, creusé tout autour du village, un talus de même volume consolidé par un revêtement de briques ou de pierres sèches, suffisaient à donner à nos braves ancêtres l'illusion de la sécurité.

Pour franchir cette enceinte, on jetait, à l'extrémité des principales avenues, des ponceaux que l'on fermait la nuit par un double vantail de chêne adossé à de solides piliers. C'est là ce qu'on appelait pompeusement les « portes de ville ». A Villenouvelle, les deux principales s'ouvraient sur la route de Narbonne, l'une du côté de Villefranche, l'autre du côté de Baziège. Un corps de garde, accolé à chacune d'elles, permettait d'abriter les miliciens.

Nos remparts, entretenus avec soin pendant toute la période agitée du seizième siècle, ne tardèrent pas à être délaissés dès que la paix religieuse fut revenue. Les talus se couvrirent alors de plantes parasites, le chemin de ronde se transforma en dépotoir public, les fossés aux trois quarts comblés par les éboulements et les débris, ne furent plus que des cloaques.

Après bien des années d'incurie et d'abandon, on songea à utiliser toute cette zone improductive et malsaine. Le 12 septembre 1734, le conseil enregistre la requête de « plusieurs particuliers et aboutissans « aux fossés de la ville qui demandent à prendre *à* « *locaterie perpétuelle,* le derrière de leurs maisons « pour y faire des jardins et autres commodités et « tenir les fossés en état, d'une largeur proportion- « née à contenir l'eau qui tombe des toîts de la ville ».

Cette demande dut être rejetée, car une délibération de 1784 nous apprend que « les fossés qui avaient « servi de sauvegarde au public en temps de trouble « et notamment en l'année 1569, sont aujourd'hui « comblés et servent d'emplacement pour la tenue « des foires et des marchés ».

On n'avait pas attendu cette époque pour faire disparaître les portes de ville qui étranglaient la route et gênaient les charrois. De 1748 à 1751, on démolit successivement celle de Baziège, celle de Villefranche et une autre, moins importante qui s'ouvrait sur la route de Maurémont. De sorte que lorsqu'on décida, peu après la Révolution, de faire disparaitre les derniers vestiges des fortifications de Villenouvelle, la besogne fut vite accomplie.

En même temps que ces réparations extérieures s'effectuaient, on procédait à l'intérieur de la ville à des aménagements non moins utiles : la démolition de la porte de Baziège avait entraîné celle de la mairie, on la reconstruisit, on refit la halle et l'on s'occupa de la voirie. La rue principale était longée par un ruisseau destiné à recevoir les eaux pluviales, mais sa pente et sa profondeur insuffisantes occasionnaient beaucoup de dégâts. « Le mur d'aquilon de « l'église, est-il expliqué dans une délibération de « 1737, est rongé par l'eau du fossé; un recreuse-« ment général sera fait par manœuvre, à commen-« cer par les bourgeois et ensuite le reste des habi-« tants, jusqu'à perfection dudit ouvrage. » Trente ans plus tard (1767), les habitants qui bordent la grande rue font entendre de nouvelles réclamations ; ils se plaignent que depuis qu'on a refait la chaussée son niveau est plus élevé que le seuil des maisons, de sorte que l'on ne peut plus passer sous les auvents des toits sans se courber et que l'eau du ruisseau envahit les rez-de-chaussée; de plus, les jardins, dont on a enlevé toute la terre pour remblayer la route, sont devenus de vrais marais. Cette protestation se termine par une supplique à Monseigneur l'Intendant pour qu'il oblige les agents-voyers à « ménager l'intérêt des particuliers tout en travail-« lant à celui de l'Etat ».

La fontaine publique était située sur les bords du Merderic, soixante ou quatre-vingts pas plus haut que celle qui l'a remplacée ; nous avons vu qu'elle fut l'objet d'une grave contestation entre la commune et le sieur de Madron qui l'avait confisquée à son profit ; quand elle fut rendue aux habitants, son état se ressentait du long chômage qu'elle avait subi ; le 27 juillet 1767, on déclare « qu'en raison de l'extrême « sécheresse, il sera nécessaire de récurer la fon-« taine qui se trouve près de l'ancien moulin à eau « de M. de Madron, dit *la Mouline*, ladite fontaine « étant devenue bourbeuse et ne se trouvant plus « dans son ancien état, vu qu'elle était entourée de

« gros arbres ormeaux que M. de Madron avait fait
« arracher, lesquels arbres faisaient un ombrage et
« empêchaient l'éboulement des terres qui rendent à
« tout instant l'eau vaseuse et obstruent la source ».

Si les Villenouvellois n'avaient qu'une source pour boire, ils n'avaient, non plus, qu'un four pour cuire leur pain. C'était le « four banal ». En s'associant pour la fabrication du pain, les villageois du moyen âge avaient voulu rendre cette opération moins onéreuse et plus pratique; mais, par raison administrative et par mesure fiscale, on fit de cette habitude volontaire, une obligation légale; nul ne put, à partir d'une certaine époque, se dispenser de porter sa farine au four commun et d'acquitter la taxe imposée. A Villenouvelle, le four était un revenu du domaine royal et non le moins important. Le 23 janvier 1748, les Consuls évoquent un édit de 1673, stipulant que
« le Roi possède dans la communauté un four banal
« où tous les habitants sont tenus de faire cuire leur
« pain en donnant au fermier de Sa Majesté, de dix-
« huit pains un ».

Cette rétribution, qui varie avec le prix du blé, n'est, le plus souvent, que d'un pain sur vingt. Voici, à titre de document, les conditions stipulées par les délibérations des 24 juin 1767 et 24 juin 1775 :

« Le fermier du four banal doit le faire chauffer
« au moins deux fois par semaine et plus souvent s'il
« est nécessaire, pour satisfaire aux besoins de la
« population et des différents boulangers.

« Les boulangers sont tenus de faire cuire au
« moins quatre-vingts marques de pain à la fois.

« Les particuliers sont admis à faire cuire des
« gâteaux comme il est d'usage, en payant la même
« taxe que pour le pain.

« Un commis est chargé de peser la marque à cha-
« que fournée. Il est obligé de prêter serment et ne
« doit pas être parent du fermier. Il tient un registre
« paraphé par MM. les Consuls, où il inscrit les noms
« des clients et les cuissons faites pour chacun d'eux.

« Le fermier entretient à ses frais un *fournier*,
« agréé par la communauté. Ce fournier est averti
« d'avance des fournées à faire, chaque particulier
« prévenant pour son compte personnel.

« Le fermier ne peut prélever plus d'une livre pour
« vingt livres de pain fabriquées.

« Chaque particulier possède un cahier où le com-
« mis inscrit le poids du pain délivré et le montant
« qui en résulte.

« Le fermier ne peut exiger son payement des par-
« ticuliers qu'après la cuisson de vingt pains.

« Il fournit annuellement à la communauté trente
« fagots de bon bois pour le feu de la Saint-Jean-
« Baptiste et douze fagots du même toutes les fois
« qu'une réjouissance publique est ordonnée.

« Il a la jouissance du bois affecté au chauffage du
« four banal, à charge par lui de se conformer à
« l'édit des eaux-et forêts de l'an 1669, en vertu
« duquel il doit veiller à la conservation des futaies,
« n'en couper que la dixième partie chaque année et
« laisser sur pied au moins seize baliveaux par
« arpent. »

Nous avons expliqué, dans les premiers chapitres, que les édits de Louis XI permettaient aux habitants de Villenouvelle de prélever sur la forêt royale de Saint-Rome, ou plutôt de Baziège, le bois nécessaire au chauffage de leur four. Plus tard, on jugea utile de délimiter la partie de forêt soumise à cette sujétion et le nom de « *Tal del four* » en est resté pendant longtemps aux seize arpents compris entre la rivière de l'Hers et le chemin de Bigot.

En 1783, à l'occasion du renouvellement du bail, les consuls recommandent aux adjudicataires de se procurer des employés plus capables et moins suspects de vénalité. « On a adopté, disent-ils, comme une espèce de contribution, de donner de la pâte pour avertir les gens d'aller pétrir ; c'est un abus qu'on ne saurait tolérer. »

Ils défendent aussi d'accumuler des piles de bois le long des remparts, ce qui est une gêne pour la circulation et un danger continuel d'incendie.

La ferme de la *boucherie* n'était pas, comme celle du four, au nombre des monopoles royaux, mais les consuls étaient tenus de mettre ce service en adjudication à époques fixes.

Dans la délibération du 22 mars 1750, il est dit : « L'adjudication de la boucherie sera faite au prix « le plus avantageux des communes voisines. L'adju- « dicataire sera chargé d'apporter la viande à l'en- « droit où il en fera la vente, sans la cacher dans « aucune partie de la maison, afin que les habitants « puissent choisir celle qui leur sera plus convena- « ble. La viande sur pied sera vérifiée par deux « bourgeois ».

Le 23 août 1778, on décide qu'un boucher de Montesquieu sera autorisé à venir débiter sa marchandise à Villenouvelle aux conditions suivantes :

Veau et mouton :	16 sols	la livre.
Bœuf :	12 sols	—
Vache et brebis :	10 sols	—

Ces prix, bien inférieurs à ceux d'aujourd'hui, étaient cependant élevés si on les compare à ceux du siècle précédent ; on avait alors le veau et le mouton pour 12 sous la livre et le bœuf pour 6 ou 7 sous.

Plus les marchés sont récents, plus le taux de la viande s'élève, ce qui s'explique, en dehors de toute autre considération, par la diminution de valeur de l'argent monnayé.

Quant au fermage de la boucherie, il varie entre 20 et 50 livres par an, pendant le cours des dix-septième et dix-huitième siècles.

A l'époque dont nous parlons, la viande salée tenait une grande place dans la consommation journalière. Une délibération du 12 avril 1773 nous apprend qu'il y a « un gardeur de *couchons* pour toute la commune ». On lui donne 4 sols par mois et un cochon par an.

VIII

La vie agricole. — Différentes cultures. — Le pastel. Les céréales. — La vigne. Le prix des journées. — Foires et Marchés. Inondations, grêles, épizooties.

Revenons au « compois » de 1633 ; il va nous renseigner utilement sur la terre, sa classification, sa division, ses impôts, sa culture et ses exploitants ; ses « bientenants » comme on disait autrefois.

La propriété ancienne se divisait, au point de vue de la *taille* ou de l'impôt foncier, en trois catégories : les *biens royaux*, les *biens nobles* et les *biens roturiers*.

Les *biens royaux*, possession directe du chef de l'Etat, n'étaient soumis à aucune taxe pécuniaire.

Les *biens nobles*, pas davantage, mais leurs usufruitiers acquittaient en nature l'impôt du sang. C'était une conséquence du pacte conclu par leurs aïeux avec le souverain. Celui-ci ne les avait pourvus d'un fief qu'à la condition qu'ils le suivraient à la guerre personnellement ou dans la personne d'un de leurs enfants. Et comme, à cette obligation, s'ajoutait celle de lever un régiment, une compagnie, ou, tout au moins, d'entretenir un certain nombre d'hommes et de chevaux, la charge devenait très onéreuse, ruineuse même quelquefois.

Ces biens n'étaient pas soumis à l' « allivrement », c'est-à-dire au décompte de la taille et à son inscription sur le cadastre, mais ceux qui les détenaient s'obligeaient à en faire le *dénombrement* et à renouveler, à époques fixes, leur *hommage* et *serment de fidélité.*

Cette formalité était obligatoire toutes les fois qu'une mutation foncière se produisait soit du côté du suzerain soit du côté du vassal. La négliger, c'était s'exposer à une amende ou même à une confiscation. On se souvient qu'à l'avènement de Louis XIV, et pour une faute de ce genre, le sequestre de la seigneurie de Villenouvelle fut prononcé.

Les *biens roturiers* étaient soumis à l'allivrement, à la taille et aux taxes dites roturières, telles que les *corvées,* les *censives* et les *oblies.* Les premières et les secondes, de nature très différente, suivant les conventions, les usages et les localités, les troisièmes pouvant s'assimiler à nos actuelles journées de prestation.

La question des *biens nobles* est une cause de divergences fréquentes entre les grands propriétaires de Villenouvelle et les consuls de la localité : les uns, pour ne pas payer l'impôt foncier, énumèrent avec une complaisance parfois exagérée la liste de leurs biens nobles ; les autres, pour répartir la contribution sur un plus grand nombre de têtes et diminuer la quote-part individuelle, réfutent avec obstination les dires des premiers. Le 24 mai 1739, M. de Charlavy, syndic du diocèse, ayant informé la commune que les propriétaires de biens nobles auraient, comme les autres, à supporter les dépenses afférentes au recreusement de l'Hers, les consuls s'empressent de publier cette décision et ils ajoutent : « Comme « lesdits biens nobles ne sont pas encadastrés et que, « par conséquent, on ne peut en savoir la contenance « et l'allivrement, c'est pourquoi faudrait faire un « nouveau compois de ces biens et le joindre à celluy « de la communauté. »

En attendant que ce desideratum fût réalisé, les discussions continuèrent : en 1754, on reproche à Louise de Palaprat, épouse de messire de Jossé des Cars, d'avoir, à l'occasion du dénombrement du domaine de la Callerie, récemment acquis par elle, exagéré le nombre et la contenance de ses terres nobles, « ce qui pourrait, à l'avenir, être très préjudiciable à la communauté ».

En 1767, les consuls s'en prennent à M. de Madron et leurs reproches s'enveniment de toute la rancune que les procès de l'église et de la fontaine ont suscitée : « Le sieur de Madron, disent-ils, a fait afficher « à la porte de l'église un dénombrement des terres « qu'il possède dans la juridiction de Villenouvelle... « On lui exprimera la surprise où l'on est de voir « qu'il veuille s'approprier un fief noble sans que la « communauté ait connaissance de ce droit... »

Nous pourrions multiplier les exemples pour montrer combien la classification en biens nobles et biens roturiers apportait de complication et souvent d'injustice dans la perception de la taille. Très logique au début du moyen âge, lorsque les nobles étaient seuls admis à tirer l'épée, cette distinction était devenue anormale et même inique quand le service de guerre obligatoire, ou tout au moins éventuel, pour les différentes classes de la société, exposa tous les sujets du royaume aux mêmes sacrifices et aux mêmes dangers.

Par contre, la contribution foncière se percevait d'une façon plus claire, plus simple, et je dirai volontiers plus honnête, qu'aujourd'hui. Sur un seul et même registre (le compois) étaient énumérés les terrains, les immeubles, leur étendue, leur valeur et leur classification. Le décompte qui en résultait était tangible, mathématique et facile à contrôler. Pas de ces différences subtiles entre le *revenu net* et le *revenu imposable*, qui sont la base très factice de la perception moderne. Pas de ces centimes communaux et départementaux dont la levée successive, ordonnée, pour des motifs identiques, par des autorités différentes, constitue un véritable impôt de superposition. Et, dans leur ensemble, il est facile de constater que les charges fiscales d'autrefois, bien que très nombreuses et très diverses, furent moins onéreuses que celles d'à présent. Nous remettons à plus tard de parler du *vingtième*, de la *capitation*, de l'*équivalent* et des autres formes de la taille dont on avait tant abusé à la fin de la monarchie ; mais tout cela réuni écrasait certainement moins le contribuable que les contributions modernes, et nous pouvons affirmer qu'à aucune époque de l'ancien régime l'impôt foncier ne s'éleva au taux scandaleux qu'il atteint aujourd'hui, c'est-à-dire au *quart des revenus !*

Au point de vue du rendement, les terres étaient divisées en quatre catégories : les *bonnes*, les *moyennes*, les *faibles* et les *infirmes*.

La cesterée de bonne terre (un peu plus du demi-arpent) payait 20 sols d'impôt, la moyenne 15, la faible 10 et la mauvaise ou l'infirme, pour parler le langage du temps, 5 sols. Il faudrait au moins quintupler ces chiffres pour atteindre la proportion actuelle.

Si nous prenons le relevé de la propriété bâtie, une chose nous frappe : le grand nombre de « *moulins pasteliers* » inscrits sur le cadastre. C'est que le pastel fut en effet, pendant longtemps la grande culture lauraguaise. La nature forte et compacte du sol convenait à merveille à cette plante qui, bien cultivée, pouvait donner jusqu'à trois et quatre récoltes annuelles.

On cueillait les feuilles du pastel, on les laissait fermenter en tas pendant quelques jours, puis on les portait sous la meule. Cette trituration produisait une pâte dont les teinturiers se servaient pour teindre les étoffes en bleu ou pour leur donner un apprêt qui facilitait ensuite l'application des autres couleurs. On livrait cette pâte au commerce sous forme de gâteaux appelés *coques* ou *cocagnes*. De là le nom de « pays de cocagne » donné à nos contrées. Un dicton populaire disait :

« Le pays a nom Coquaigne,
« Qui plus i dort, plus i guaigne. »

Pendant plus de trois cents ans, cette culture rémunératrice et facile fut, pour nos cultivateurs, une importante source de revenus. Mais, dans le courant du dix-septième siècle, l'indigo, qu'on commençait à importer des Indes et donc les qualités tinctoriales étaient bien supérieures à celles du pastel, eut vite fait de détrôner ce dernier produit. En 1633, les meules de pierre, actionnées par des chevaux, qu'on appelait « moulins pasteliers », travaillaient encore, mais un demi-siècle plus tard elles étaient à jamais abandonnées.

A l'exception de quelques commerçants urbains, grands ou petits propriétaires, nobles ou bourgeois, tous vivaient de la terre sur la commune de Villenouvelle. Mais l'agriculture, encore dans l'enfance, ne donnait, en dehors du pastel, que de médiocres profits. Quand ce produit fut abandonné, elle perdit la cause principale de sa richesse et de son activité. Malgré les perfectionnements introduits par Olivier de Serres, les procédés agricoles de l'ancien régime étaient singulièrement arriérés ; on en était encore, à la fin du dix-septième siècle, à l'assolement biennal qui ramenait périodiquement la jachère après chaque récolte de blé. Vers 1680, l'introduction du maïs dans la rotation agricole permit d'adopter l'assolement triennal, grâce auquel on ne perdit plus qu'une année de récolte sur trois. Mais la jachère morte, qui succédait au maïs, constituait une période stérile pendant laquelle toute culture disparaissait. Les légumes se cultivaient à part ; on eût craint de surcharger la terre en les faisant succéder au maïs, et l'on ignorait l'art d'amender le sol au moyen des engrais. La routine était si profonde que, lorsque Parmentier introduisit la pomme de terre en France, les paysans se montrèrent pendant longtemps hostiles à cette belle découverte.

Croirait-on que les fourrages artificiels qui sont aujourd'hui, avec le blé, la grande richesse de nos contrées, étaient à peu près inconnus? Arthur Young, traversant le midi de la France en 1787, raconte qu'il n'a vu *qu'une seule pièce de luzerne dans toute la vallée de la Garonne !*

Les fourrages manquant, l'élevage était nul ; sans élevage point de bétail et sans bétail point de fumier, car en agriculture tout se tient. Aussi la terre allait-elle en s'appauvrissant.

Que dire de la vigne? Elle était alors dans toute sa vigueur et sa prospérité et ne nécessitait pas les soins qu'on est obligé de lui prodiguer aujourd'hui, mais on entourait sa culture d'une foule de prohibitions vexantes et d'entraves inutiles. C'est ainsi qu'on fixait aux propriétaires le nombre de ceps qu'ils pouvaient planter et que, sur toute l'étendue d'une même commune la cueillette des raisins devait se faire à la fois. Chaque année, le « ban des vendanges » était solennellement publié et une amende sévère infligée à ceux qui enfreignaient ses prescriptions. Dans le procès Madron, la violation de cette coutume est un des principaux griefs invoqués par les consuls contre leur adversaire : « Le sieur de Madron, disent-ils, a « fait vendanger le 3 octobre, en-dehors du temps « prescrit, ce qui est contraire aux droits et usages « de la Communauté et même aux arrêts de la Sou-« veraine Cour du Parlement qui veulent que les « bans des vendanges soient publiés par les magis-« trats qui ont la police du lieu, après avoir pris « l'avis des principaux habitants, c'est-à-dire du con-« seil politique. »

En 1769, à la suite des réclamations d'un certain nombre de cultivateurs dont la vendange, hâtivement mûrie, menaçait de se perdre, on permit de vendanger en deux fois; mais le conseil de la commune accompagna cette autorisation des restrictions suivantes : « A l'avenir, il faudra que tout le monde vendange « le même jour pour ne pas exciter de jalousies entre « habitants et oientenants. Pour cet effet, il serait « bon d'en avertir messieurs les décimateurs et les « prier en la personne de monsieur notre curé, de « créer un plus grand nombre de charrieurs, ce qui « serait un grand avantage pour eux et pour la com-« munauté. » Ceci nous explique l'usage de vendanger à jour fixe : la dîme se percevant en nature sur les vendanges comme sur la plupart des récoltes, les décimateurs pouvaient, grâce à la mesure adoptée, retirer plus facilement leur quote-part et l'autorité exercer son contrôle avec plus d'efficacité.

Une statistique agricole assez curieuse, quoique malheureusement bien incomplète, nous est fournie par les consuls de 1782. Ces magistrats avaient reçu, de l'Intendant de la province, une série de questions sur la culture locale ; ils y répondirent dans les termes que voici :

Questions		SEMÉ	RÉCOLTÉ
1° Quelles sont les quantités moyennes de blé, seigle, orge, avoine, maïs, fèves et vesces, semées et récoltées annuellement dans la communauté ?	Blé	400 setiers	2000 setiers
	Seigle	»	»
	Orge	»	»
	Avoine	15 à 20 setiers	100 setiers
	Maïs	?	900 —
	Fèves	40 —	200 —
	Vesces	10 —	40 —

2° Combien la communauté compte-t-elle d'habitants ?	Onze cents.
3° Quantité de blé et maïs nécessaire à l'alimentation ?	1500 setiers de blé; 2000 setiers de maïs ou fèves.
4° Reste-t-il à l'époque actuelle (avril) un reliquat de la récolte précédente ?	Il n'en reste point.
5° Combien de charrettes de fourrage récolte-t-on dans une année moyenne ?	Quatre-vingts charrettes de quinze quintaux chacune.
6° Combien de charrettes de paille vend-on ?	La paille est toute employée pour le bétail.
7° Industrie des vers à soie ? Quelle est la quantité de cocons récoltés ?	Néant.
8 Quelles sont les voies ordinaire de ressources de votre communauté en cas d'insuffisance ou de superflu ?	Les voies ordinaires de ressources de cette communauté sont les marchés de Villefranche et Baziège où le peuple se rend pour acheter ses besoins (*sic*). Et quant au débouché en cas de superflu, on porte les grains aux susdits marchés ou sur les barques du canal, à Négra, *lorsque les chemins sont praticables.*

Cette dernière phrase est caractéristique et laisse entrevoir toutes les difficultés que nos malheureux compatriotes avaient à surmonter pour écouler leurs produits !

Que dire, aussi, de ces quatre-vingts charrettes de foin qui constituent à elles seules toute la richesse fourragère de la commune ? Et de ces cent setiers d'avoine ? Et de cette paille dont on ne trouve pas un quintal à exporter ? Si cette statistique est exacte, si nos consuls n'ont pas dissimulé, par peur de la taille, le chiffre de leurs recettes, c'est à faire pitié !

L'industrie presque nulle, le commerce restreint, l'entretien de la voirie déplorablement négligé faisaient que, pendant tout l'hiver, les ouvriers des champs restaient inoccupés. Aussi les villes et les villages fourmillaient-ils de mendiants. Le curé d'une petite paroisse lauraguaise constate, dans un rapport dressé en 1789, que « les habitants étant pour la plupart *gens de journée*, se trouvent presque tous à l'aumône pendant la mauvaise saison ».

Les impôts qui, pendant les deux derniers siècles de la monarchie, allèrent toujours croissant, contribuèrent plus que tout, à la gêne et à la misère publiques. Un économiste anglais fait très justement, observer que « si Louis XIV, au lieu d'entreprendre des conquêtes dont le résultat le plus clair fut l'aggravation des charges fiscales, s'était appliqué à bannir la jachère d'une douzaine de provinces, son règne en eût été infiniment plus heureux, son royaume plus riche et plus puissant ».

A toutes ces causes, il faut ajouter la faillite du système de Law qui eut, ainsi que nous le verrons plus loin, une répercussion terrible sur le commerce des villes et des campagnes et sur toutes les affaires publiques.

A côté des charges, il faut, cependant, pour être juste, constater les améliorations. Les *leudes* et les *péages* qui, sous Louis XIV, pesaient encore si lourdement sur les transactions, disparaissent peu à peu. En 1777, il ne reste plus que cinq communes du diocèse de Toulouse soumises à l'un ou l'autre de ces impôts. Nos marchés agricoles en profitent et le cours du blé suit une progression croissante pendant toute la seconde moitié du dix-huitième siècle, ainsi qu'on pourra s'en convaincre par le tableau suivant :

1750-1760..................	Prix moyen,	14f 06
1761-1770..................	—	15 39
1771-1780..................	—	17 05
1781-1790..................	—	18 70

Et, dans une délibération du 15 janvier 1754, nos consuls affirment que « le prix du blé a plus que doublé depuis un siècle ».

Veut-on connaître le tarif de la main-d'œuvre ? Au dix-septième siècle, la journée d'un travailleur varie entre 6 et 7 sols, avec la nourriture. En 1718, on donne « 6 sols avec la soupe et le vin pour provigner et tailler la vigne, 7 sols pour la pelloverser ».

A partir de 1720, les tarifs s'accroissent subitement et toutes les denrées augmentent dans une effrayante proportion. Le système de Law en est la cause principale. L'autorité s'effraie de cet état de gêne et de malaise général, et cherche à réagir : le 3 mai 1724, le premier consul de Villenouvelle assemble les conseillers communaux et politiques pour leur donner communication d'une lettre qu'il vient de recevoir du subdélégué de l'Intendant. Ce fonctionnaire transmet « les ordres du Roy et les dispositions prises pour

« diminuer dans tout le royaume le prix des den-
« rées, des marchandises, de l'ouvrage, des journées
« de travail, et généralement de tout ce qui se vend
« ou est mis à prix d'argent ». Le greffier ayant terminé la lecture de ce document, le maire prie l'assemblée de délibérer sur son contenu, et le curé, suivant la « coutume de la communauté », opine le premier. Le discours qu'il prononce est emphatique à l'excès, beaucoup trop flatteur pour le gouvernement, très contestable au point de vue économique, mais on y sent le louable désir de ramener la confiance dans les esprits, et l'on doit pardonner à l'orateur ses quelques erreurs en faveur de ses bonnes intentions. Son allocution — nous allions dire son homélie — est trop curieuse, d'ailleurs, pour que nous résistions au plaisir de la citer :

« Messieurs,

« Tous les ordres du Souverain doivent être reçus
« et exécutés avec un profond respect, une parfaite
« soumission et toute l'exactitude possible. Ceux-ci
« méritent de l'être avec empressement, avec joie et
« avec applaudissements, parce que Sa Majesté n'y a
« d'autre intérêt que notre avantage et notre bon-
« heur, *de chasser la famine qui est parmi nous*, dé-
« livrer son peuple du fléau qui l'afflige depuis plu-
« sieurs années et de faire revenir le temps heureux
« où les Français pouvaient, non seulement jouir à
« leur aise des commodités de la vie, mais avoir sans
« peine et sans regrets les choses nécessaires pour
« cette prospérité et cette magnificence qui ont servi
« d'exemple et d'émulation à toute l'Europe, comme
« celle de leur monarque à éblouir tous les princes
« du monde.

« Non seulement, Messieurs, nous manquerions à « un devoir essentiel de ne point signaler notre zèle « pour l'exécution d'un projet qui doit essuyer nos « larmes et mettre fin à nos soupirs, nos murmures « et nos gémissements sur la cherté extrême de tout « ce qui nous fait besoin, mais nous tomberions dans « le crime de l'ingratitude à l'égard du prince (le duc « de Bourbon) dont Dieu se sert aujourd'hui pour « perfectionner les desseins que notre Souverain Mo- « narque forma, dès son bas âge, pour la conduite du « gouvernement de ses sujets. Je suis persuadé que « ce que j'ay l'honneur de vous dire n'est qu'une fai- « ble expression de ce que vous pensez et qu'il serait « inutile de vous représenter que s'il y a quelque par- « ticulier dans cette communauté qui perde d'un côté, « il a déjà beaucoup gaigné d'un autre, et profitera « encore infiniment par le rabais de tant de choses « qu'il n'a pas et qu'il est obligé d'achepter. De sorte « qu'il n'y a qu'à entrer dans le détail de tout ce qui « se vend et se débite dans la communauté, taxer les « marchandises, les ouvrages et les journées d'ou- « vriers, et pour procurer la diminution des denrées, « du bétail, de la volaille et du gibier, obliger les ha- « bitants qui ont du grain à vendre, de le porter en « diverses fois et à proportion aux marchés de Ville- « franche et de Baziège, mettre en vente à cri public « les fourrages des marchands ou des bientenants « qui sont de reste, faire pour cet effet une visite gé- « nérale pour sçavoir ce qni est à vendre dans la « communauté. Et, sans forcer le monde à vendre, « recommander à tout le monde d'exiger seulement « des choses qu'ils mettront en vente, soit dans les « marchés, soit dans le lieu, un prix honnête et ap- « prochant de celuy qui estoit au commencement de « 1718, leur déclarant que s'ils passent les bornes de

« cette discrétion, on leur taxera tout dans la suite, « pour les en punir, à un prix si modique qu'ils se « repentiront de leur injustice et de leur avidité.

« Voilà, Messieurs, ce que je suis prêt à conformer « à vostre avis, si vous donnez des moyens efficaces « pour le succès du système qui tend à mettre l'abon- « dance dans tout le Royaume. Mais, avant de finir, « il est important de vous observer que la diminution « de la viande de boucherie est un objet considéra- « ble, que le boucher a fait depuis plusieurs années « de grands profits, qu'il tient pendant l'année un « grand troupeau qui se nourrit sur le fonds de la « communauté, qu'il en vend une partie dans les foi- « res, qu'il serait injuste qu'il perdît un tiers sur le « bétail qu'il a actuellement et que, pour arriver à « fournir par la suite avec cette diminution, on pour- « rait obliger les marchands qui ont des troupeaux « dans le présent consulat, sans y jouir ni maison ni « métairie, ni pour bonifier leurs terres parce qu'ils « n'en possèdent point, n'ayant des troupeaux que « pour en faire leur commerce et leur profit, on « pourrait, dis-je, obliger ces négociants de vendre « les troupeaux au boucher sur le pied de la diminu- « tion d'un tiers, en attendant que cette diminution « devienne générale, comme on doit l'espérer. »

Enflammés par l'éloquence du curé, éblouis par sa science et la profondeur de son système économique, les consuls de Villenouvelle votent, séance tenante, les résolutions suivantes :

« L'huile se vendra neuf sols la livre, le savon sept » sols, les chandelles huit sols, le poivre dix-huit « sols, le sucre quatorze sols, girofle, canelle et mus- « cade douze sols, la petite bougie vingt-quatre sols,

« la grosse bougie trente-deux sols, sauf à augmen-
« ter ou diminuer, le cas échéant. »

Puis ils adoptent sans hésiter la proposition hardie de recenser les denrées existantes, de réduire les profits du boucher et de taxer la viande. On alla jusqu'à défendre aux particuliers de vendre à domicile leurs céréales, leurs fourrages ou leurs bestiaux. Ils devaient tout porter sur la place publique aux jours de foire ou de marché.

Parlons de ces foires et de ces marchés auxquels la population attachait une grande importance et dont la réglementation fut un objet de préoccupation continuelle pour nos conseillers municipaux. On sait que les édits de Louis XI avaient accordé à Villenouvelle un marché hebdomadaire, le jeudi de chaque semaine, et deux foires annuelles, l'une à la Saint-Mathias, le 24 février, l'autre à la Saint-Matthieu, le 21 septembre.

En mai 1699, la foire de Saint-Mathieu fut reportée au 25 novembre, jour anniversaire de sainte Catherine et en même temps on fit savoir aux habitants que les anciens marchés, longtemps interrompus par les guerres de religion, seraient repris et régulièrement tenus désormais. Mais quatre mois plus tard, le 27 septembre 1699, on s'aperçut que les deux foires coïncidaient, l'une avec celle de Saint-Michel de Lanès, l'autre avec celle de Villefranche et l'on convint de les reporter aux jeudis précédents.

En 1723, nouveau changement : nous avons déjà parlé de cette année terrible où la famine, suite désastreuse de la banqueroute, sévissait sur nos campagnes ; pour y remédier, on assembla le conseil et voici dans quel jargon, aussi naïf que peu litéraire, le secrétaire rend compte de la délibération : « Le « vingt-sixième septembre a été dit et proposé que « les habitants de ce lieu n'ont aucun secours pour « leur subsistance que les récoltes qui ordinairement « sont si modiques qu'à peine peuvent-elles suffire « pour leur entretien et payer les charges au Roy, « et; le moindre mal qu'il advienne sur icelles, ils « sont à la mendicité, ainsi que le justifie la présente « année par la perte qui a été faite du millet et vin « qui a été enlevé par la grêle. Cette nécessité rend « les habitants lugubres (*sic*) et leur donne une mol- « lesse (!) qui augmente à proportion que leurs biens « diminuent, ce qu'on pourrait éviter en rétablissant « un commerce dans l'endroit. Et pour cela faudrait- « il rétablir les foires qui ont été délaissées, mais « changer leur date qui coïncide avec celles des loca- « lités voisines (Fourquevaux et Nailloux pour les « foires, Montgiscard pour le marché). Par ainsi, la « foire du 24 février serait reportée au 2 juin, celle « du 21 septembre à l'issue dudit mois et le marché « au mardi au lieu du jeudi.

« De plus, la communauté emprunterait deux mille « livres pour être employées au commerce. Les habi- « tants seraient obligés, quartier par quartier, de se « trouver au marché le jour qu'il leur serait destiné, « pour y porter des denrées et pour acheter aux « forains (gens de la campagne). La communauté « fera un fonds pour commercer à son profit, une « personne en sera nommée gardienne, et pour ledit « fonds on engagera les communaux. »

Nous ignorons si ces mesures, quelque peu draconiennes, furent autorisées, nous nous permettons d'en douter, mais ce que nous savons, c'est que cinquante-trois ans plus tard, les habitants de Villenouvelle, revenus à une situation plus prospère, sollicitent *quatre foires* par an : la première, le lundi de la Semaine Sainte, la seconde, le 2 juin, la troisième, le 25 octobre et la quatrième, le 21 décembre. Ils demandent, en même temps, que le marché soit reporté au mercredi. Cette requête leur est accordée par lettres patentes du 23 octobre 1726, enregistrées au Parlement le 16 novembre de la même année. Coût : 275 livres, 4 sols, 8 deniers pour la délivrance des lettres patentes et 50 écus plus *un écu pro clericis*, pour l'enregistrement. Le prix élevé de cette faveur est peut-être le secret de l'empressement avec lequel on l'accorda !

La Révolution mit fin à cette ère de prospérité et la centralisation qui s'opérait de plus en plus vers Toulouse empêcha Villenouvelle de retrouver jamais le commerce actif et florissant dont elle avait joui sous Louis XV. Son marché cessa à peu près d'être fréquenté et, sur quatre foires qu'elle possédait jadis, deux seulement se sont conservées jusqu'à nous : celle du 25 octobre et celle du Lundi saint. Encore cette dernière n'existe-t-elle guère que de nom !

Des fléaux divers qui affligèrent l'agriculture, les inondations furent de tout temps un des plus terribles et des plus fréquents. L'Hers, ce mauvais ruisseau qu'on passe à pied sec à la belle saison, se change en torrent chaque fois qu'un orage éclate dans sa vallée. Et son lit étroit, sinueux, obstrué de broussailles et de rochers, était autrefois, toujours prêt à déborder. Son recreusement et sa canalisation nécessitèrent de longs travaux auxquels nous

nous proposons de consacrer tout un chapitre de ce récit.

Les grêles, autre mal terrible contre lequel on n'avait pas encore entrepris de lutter, dévastèrent, elles aussi, plus d'une fois, notre belle contrée. Les années où elles causèrent le plus de ravages sont celles de 1723, déjà célèbre par sa famine ; de 1732 où la foudre tomba sur l'église ; de 1735, de 1741, de 1778 et de 1779.

Enfin, à plusieurs reprises, les animaux furent atteints par la contagion. Les épizooties les plus redoutables furent celles de 1732 et 1775. Dans leur délibération du 10 août de cette dernière année, les consuls proposent d'installer une *garde bourgeoise* pour empêcher les bestiaux des communes voisines de communiquer avec ceux de Villenouvelle : « On « défendra aux maitres-valets d'abriter les vagabonds « dans leurs étables et de laisser leurs oies et leurs « canards barboter dans les abreuvoirs. On parfu- « mera les écuries avec des aromates (?). On deman- « dera à l'Intendant la permission d'imposer une « taxe de 20 sols sur chaque bête à corne et d'un sol « six deniers sur chaque mouton ; avec cette taxe « on indemnisera les habitans indigents obligés « de prendre la faction et on achètera de la chan- « delle pour éclairer le corps de garde pendant la « nuit. »

Quelques jours plus tard, la « garde bourgeoise » fut, d'ordre supérieur, remplacée par une garde militaire et nous verrons que cette mesure fut une cause de conflit.

L'hiver de 1783-84, exceptionnellement rigoureux, eut des conséquences néfastes pour l'agriculture et pour la santé publique. Nos annales relatent, en différents passages, les pertes qu'il fit subir et les maux qu'il occasionna.

Le remède ordinaire à toutes ces infortunes était une indemnite pécuniaire ou une diminution d'impôts qu'on priait les Etats de la province d'accorder aux habitants. Et nous pouvons constater — notre registre de délibération en fait foi — que ces vœux furent le plus souvent exaucés. Encore une bonne note pour l'administration ancienne. Aujourd'hui, quand, à la suite de quelque désastre, on demande un secours à nos députés, il est rare qu'ils le refusent, mais il est plus rare que le subside arrive à destination !

IX

La vie administrative et municipale.
Organisation de la province, du diocèse et de la commune.
Consuls. — Bailli. — Procureur juridictionnel.
Baile. — Notaires. — Budget de la commune. — Impôts et redevances. — Police urbaine.
Réjouissances publiques. — Droit de chasse.
Archives communales.

Un coup d'œil d'ensemble sur l'organisation administrative de la province ne sera pas inutile pour nous faire mieux comprendre les détails de l'organisation communale. Nous y trouverons quatre grandes institutions : la Justice, la Comptabilité financière, le Gouvernement militaire, l'Administration civile.

La *Justice* était exercée en dernier ressort par le *Parlement de Toulouse*. A l'aide des six chambres qui le composaient, il jugeait ou révisait toutes les causes civiles ou criminelles importantes et il enregistrait tous les documents officiels qui avaient force de loi. En matière litigieuse, ses arrêts faisaient autorité.

La *Cour des Comptes, des Aides et des Finances* de Montpellier arrêtait les comptes de la province et jugeait les différends d'ordre financier.

On peut lui rattacher le *Bureau des finances*, réparti entre les quatre généralités de Toulouse, Montpellier, Montauban et Auch. Les *Trésoriers de France*, qui en dépendaient, ne formaient qu'un seul et même corps avec les *Conseillers à la Cour des Aides*.

L'administration financière et commerciale était encore régie par deux *Directions pour l'impôt du vingtième*, une *Bourse des marchands*, une *Chambre du commerce*, une *Direction des fermes, des gabelles et du tabac.*

Le *Gouvernement général du Languedoc* avait à sa tête un gouverneur choisi parmi les hauts dignitaires de la Couronne, souvent même parmi les princes du sang.

Après lui, venait un *Commandant en chef*, plus spécialement investi du pouvoir exécutif et militaire.

Trois *Lieutenants-généraux* secondaient le gouverneur et le commandant en chef : un pour le Haut-Languedoc, un pour le Bas-Languedoc, un pour les Cévennes.

Enfin, neuf *Lieutenants du Roi* étaient répartis dans les principales villes de la province, dont un grand nombre possédaient en outre un *Gouverneur de place.*

Les *Sénéchaux* dépendaient à la fois de la Justice et du Gouvernement militaire. C'étaient des officiers de robe courte qui présidaient aux affaires civiles et criminelles d'importance secondaire. Un *Juge-mage* prononçait les arrêts en leur nom. Un *Lieutenant principal* et des *Lieutenants particuliers* étaient chargés de les suppléer. Leur Cour comprenait, en outre, un certain nombre de conseillers, de procureurs, d'avocats et d'huissiers.

Les *Vigueries* dépendaient d'eux, ainsi que les *Baillies* et quelques autres offices de judicature royale qui disparaissent peu à peu au dix-huitième siècle, pour se fondre dans les sénéchaussées.

Les Sénéchaux, autrefois investis d'importantes charges militaires, ont encore, à la fin de la monarchie, la mission de convoquer le ban et l'arrière-ban de la noblesse en cas de guerre.

La Sénéchaussée du Languedoc avait son siège à Toulouse et se répartissait dans douze grandes villes de la Province. Ses Etats particuliers s'assemblaient, tantôt dans un endroit, tantôt dans un autre, pour s'occuper des chemins et autres ouvrages publics à leur charge.

La *Maréchaussée*, directement soumise à la Sénéchaussée, était commandée par un *Prévôt général*. Elle comprenait trente-trois brigades ayant à leur tête quatre *lieutenants* avec, chacun, un assesseur, un procureur et un greffier. Le tout distribué dans les quatre lieutenances de Toulouse, Montpellier, Carcassonne et Le Puy-en-Vélay.

On peut rattacher à la fois au domaine de la Justice et à celui de la Comptabilité la *Maîtrise des eaux et forêts*. Celle de Toulouse avait son siège dans cette ville et s'étendait sur les environs de Toulouse et une partie de l'Albigeois. Villenouvelle se rattachait à la maîtrise de Castelnaudary.

L'*Administration civile* était régie par les *Etats de la Province*, pour lesquels chaque diocèse fournissait un député du clergé (l'archevêque ou l'évêque), un député de la noblesse, un ou plusieurs députés du tiers.

L'ordre de l'*Eglise* était régulièrement composé de 3 archevêques et de 20 évêques; celui de la *Noblesse*, de 1 comte, 1 vicomte et 21 barons. L'ordre du *Tiers*, formé de députés pris dans les *villes maîtresses*, devait être égal en nombre aux deux autres ordres réunis.

Les Etats s'assemblaient tous les ans dans l'une des trois sénéchaussées de Nîmes, de Narbonne ou de Montpellier, beaucoup plus souvent dans cette dernière ville pendant les dernières années de la monarchie. L'archevêque de Narbonne en était président-né.

L'*Assiette* ou assemblée particulière de chaque diocèse suivait, à peu d'intervalle, celle des Etats. On y trouvait, comme dans ceux-ci, des députés des trois ordres. L'évêque (ou l'archevêque) du diocèse présidait et représentait seul le clergé. La noblesse était formée des seigneurs qui possédaient, dans l'étendue du diocèse, des baronnies donnant droit à l'entrée aux Etats. Le tiers était composé des consuls et députés des villes principales.

Cette assemblée nommait un *Syndic du diocèse* qui était, pour ainsi dire, son intendant particulier. Le maniement des fonds lui était confié ; c'est à lui que les *collecteurs* des communes, chargés de recouvrer l'impôt, devaient présenter les rôles des impositions.

L'*Intendant* de la province était l'intermédiaire obligé entre les Etats et les communes. Sa charge exigeait une science approfondie du droit administratif et une connaissance parfaite des coutumes locales, toujours si diverses et si compliquées. Il résidait à Toulouse avec quelques secrétaires et agents comptables autour de lui. Trente et un de ses *subdélégués* étaient répartis dans les principaux centres. Villenouvelle appartenait à la subdélégation de Toulouse.

Nous arrivons à l'administration communale et aux hommes chargés de la diriger. Nous avons fait entrevoir, au début de cette étude, ce qu'étaient les *consuls*. Responsables du bon ordre, de la police et de l'administration de leur cité, ils n'étaient cependant investis des *droits de justice* qu'autant qu'ils n'étaient pas soumis à l'autorité d'un seigneur particulier. A Villenouvelle et dans les communes franches, ils agissaient librement en tant qu'administrateurs civils, mais ils restaient subordonnés au pouvoir politique du roi et de ses représentants.

Ces consuls n'étaient souvent que de simples paysans revêtus du chaperon municipal, — nous en trouverons un, tout à l'heure, qui ne sait même pas signer son nom, — mais ils accomplissaient leur devoir avec noblesse et portaient fièrement les insignes de l'autorité. Les Capétiens et les premiers Valois développèrent soigneusement à leur profit ce sentiment de la personnalité bourgeoise chez les habitants et les représentants des communes, ils s'en servirent surtout avec adresse pour combattre la puissance féodale; mais les derniers rois prirent ombrage de quelques velléités d'indépendance un peu trop accentuées à leur gré et s'attachèrent à diminuer l'importance des municipalités. Louis XIV adjoignit aux consuls, sous le nom de *conseillers politiques*, les douze notables les plus riches, les plus influents et les plus gouvernementaux, si j'ose dire, de la commune. Louis XV, pour donner satisfaction à l'intrigue ou à la cupidité, créa de nouvelles charges municipales. Cette innovation, assez mal accueillie, d'ailleurs, dura peu, et, dès le commencement du règne suivant, on autorisa les provinces à racheter les fonctions nouvellement créées. C'était une satisfaction donnée à l'opinion publique en même temps qu'un bénéfice tout trouvé pour le trésor royal, qui en avait grand besoin.

On profita de cette mesure pour introduire certaines réformes dans l'organisation jusque-là très irrégulière, il faut bien le dire, des consulats. Voici les principales clauses de l'édit du 27 octobre 1774 publié

à cette occasion : « Sa Majesté *veut bien accepter* une « somme de 2,500,000 livres pour le rachat par la « Province des offices municipaux créés par l'édit du « mois de novembre 1771. Pourront les communautés « auxquelles les offices auront été réunis par le pré- « sent rachat, rembourser les particuliers munis « d'offices. Lesdits officiers jouiront de tous les hon- « neurs et prérogatives qui leur sont dus, sauf les « droits des seigneurs particuliers, auxquels il ne « sera rien innové.

« Pour procurer aux villes et communautés de la « province une administration suivie et éclairée, « veut et entend Sa Majesté que le premier consul « ayant titre de maire en exerce les fonctions pen- « dant quatre années successives, et le second ayant « titre de lieutenant de maire pendant trois ans, « après lequel terme il sera libre aux communautés « de les continuer ou d'en nommer d'autres. Et à « l'égard des officiers qui conservent le titre de con- « suls, la moitié sera renouvelée chaque année, de « manière que chaque moitié restera en place alter- « nativement deux ans.

« Seront, au surplus, observés les anciens règle- « ments en usage de la province en ce qui concerne « l'établissement des conseils politiques, le nombre « et la qualité des membres qui doivent les compo- « ser, le renouvellement de la moitié chaque an- « née, etc. »

Dans le règlement d'administration publique qui suit cet édit, il est stipulé que : « Le premier consul « prendra le nom de *maire* dans les villes de pre- « mière classe et dans certaines nominalement dési- « gnées, et le second consul aura la qualité de *lieu-* « *tenant de maire* dans les villes de première classe « seulement.

« A l'avenir, les villes qui sont dans l'usage d'en-
« voyer deux députés aux assemblées provinciales,
« savoir le premier consul en exercice et le premier
« ex-consul, seront tenues d'y députer le premier
« consul en charge avec un notable de la même
« échelle que ce premier consul.

« Les conseils renforcés (c'est-à-dire composés de
« six nouveaux conseillers politiques ajoutés aux
« anciens) n'ont plus de raison d'être, sauf dans les
« circonstances jugées nécessaires par l'Intendant,
« qui procèdera alors lui-même aux renforcements. »

A ce règlement, M. de Besaucèle, syndic du diocèse, ajoutait les commentaires suivants : « La pro-
« vince est enfin délivrée, Messieurs, de toutes les
« innovations que l'édit municipal de 1766 avait in-
« troduites dans l'élection des officiers des commu-
« nautés et de toutes les gênes que l'édit de 1771,
« portant création des charges municipales, y avait
« ajoutées. Tout rentre dans l'ordre ancien et accou-
« tumé à la faveur du rachat qui vient d'être fait de
« ces charges. Il n'y a plus lieu, comme autrefois, de
« prétendre qu'un consul qui sort de charge soit
« trois ans sans pouvoir y rentrer, puisque la nou-
« velle loi laisse la liberté aux communautés de
« choisir leurs nouveaux officiers parmi ceux qui
« existent actuellement et les reconfirmer autant de
« fois que le bien public leur paraitra l'exiger.

« Les communautés devront être plus exactes que
« par le passé à renouveler chaque année leurs élec-
« tions au temps accoutumé, sans que les Seigneurs,
« dont on n'entend pas par cela blesser les droits,
« qui reprennent la première force, puissent et doi-
« vent empêcher ce renouvellement ».

Ces prescriptions sont sages, mais trahissent l'embarras du gouvernement pour assurer la liberté des communes sans empiéter sur les privilèges des seigneurs locaux. Reconnaissons toutefois qu'à partir du moment où elles sont édictées, les mutations consulaires s'opèrent plus uniformément et plus régulièrement qu'autrefois : chaque année on présente huit candidats parmi lesquels les magistrats en exercice choisissent quatre titulaires ; ceux-ci prêtent serment et l'on dresse immédiatement le procès-verbal de la séance dont une expédition est inscrite sur le registre des délibérations de la commune et l'autre est envoyée à Villefranche pour être copiée sur le registre des actes notariés déposé dans cette ville.

Voici, à titre d'exemple, l'un de ces procès-verbaux : « L'an mil sept cent soixante-six et le vingt-« sixième jour du mois de novembre, à neuf heures « du matin, dans l'auditoire commun du lieu de « Villenouvelle, par devant nous Jules-Louis-Antoine « de Rostaing, avocat en parlement, juge et assesseur « du présent lieu, a comparu Dutour, procureur juri-« dictionnel, qui requiert et dit qu'en vertu de « l'élection consulaire faite le jour d'hier, conformé-« ment aux us et coutumes du présent lieu, il soit « procédé à la prestation de serment des sieurs Gail-« hard, Izar, Mathieu et Vignard, élus consuls par « délibération de la communauté, à la pluralité des « voix.

« Et, de suite, ont comparu les sieurs Gailhard, « Izar, Mathieu et Vignard qui nous ont dit qu'en « conséquence de la délibération, prise par la « communauté le jour d'hier et de l'élection faite « de leurs personnes pour servir de consuls dans la « dite communauté, la présente année, ils se présen-« tent devant nous pour prêter le serment en tel cas

« accoutumé, pour pouvoir exercer ladite charge de « consul sçavoir : Maitre Gailhard pour premier, le « sieur Izar pour second, ledit Mathieu pour troi- « sième et ledit Vignard pour dernier, nous requé- « rant tous, chacun, comme le concerne de vouloir « procéder à la réception de leur serment.

« Nous dit juge et assesseur du présent lieu, fai- « sant droit sur les réquisitions par écrit dudit pro- « cureur juridictionnel et desdits sieurs Gailhard, « Izar, Mathieu et Vignard, consuls, avons ordonné « qu'ils prêteront le serment entre nos mains.

« Et en l'instant de notre mandement, l'un après « l'autre, leurs mains mises sur la Passion figurée « de Notre-Seigneur, ont promis en Dieu et conscience « et sur l'honneur, veiller aux intérêts du Roi et du « public et n'avoir dans les délibérations qui seront, « à l'avenir, par eux prises, que l'honneur et l'avan- « tage de la chose commune et sans le support de « personne. Et ont signé, avec nous et notre greffier, « lesdits Me Gailhard, Izar et Mathieu. Ledit Jean « Vignard a dit ne sçavoir, de ce requis. »

Les personnages qui participaient, avec les consuls, à la gestion des affaires de la commune étaient, indépendamment des *conseillers politiques* dont nous avons déjà parlé, le *Juge assesseur du Conseil,* le *Procureur juridictionnel,* le *Baile* et un *Greffier.*

Le *Juge* ou *Bailli* était chargé de statuer, au nom des consuls, dans toutes les affaires de haute, moyenne ou basse justice dont ses mandants avaient la compétence. Nous avons expliqué antérieurement jusqu'où s'étendait cette compétence et nous avons montré, par l'exemple de Jehan Raubaly, nommé bailli communal en 1565, comment on procédait à ces sortes de nominations.

La nécessité de trouver, à Villenouvelle même, un homme possédant les connaissances et qualités requises pour remplir les fonctions de juge, était souvent une source de difficultés. En 1768, les consuls se plaignent que « M. de Rostaing, assesseur et juge de « cette communauté, habite la plupart du temps sa « maison de campagne à Fourquevaux où il est la « plus grande partie de l'année occupé à cause de « sa récolte, ce qui fait qu'il ne peut se rendre que « rarement au présent lieu pour vaquer aux expédi- « tions des affaires qui sont négligées depuis long- « temps. Il conviendrait, en conséquence, que l'as- « semblée nommât un autre juge, lequel serait plus « à portée. »

« Le *Procureur juridictionnel* faisait office de ministère public au tribunal consulaire. Ce fonctionnaire est souvent cité dans nos annales et l'on se souvient de son rôle dans le procès intenté par la commune à Guillaume de Berry.

Le 15 avril 1727, on délibère sur le renouvellement du procureur dans les termes suivants : « L'Assem- « blée, considérant l'utilité qu'a cette communauté « d'avoir une personne qui soit en état de faire la « fonction de procureur juridictionnel et de fournir « à l'avance aux frais nécessaires pour la poursuite « en justice des malfacteurs *qui sont assez communs* « *au présent lieu*, ladite assemblée a fait unanime- « ment le choix de la personne du sieur Bernard « Desbarrats qui est une personne très juste et très « équitable pour exercer cette charge, lequel ladite « communauté nomme pour procureur juridictionnel, « donnant pouvoir audit Desbarrats d'exercer ladite « charge et poursuivre devant le juge du présent « lieu et par devant qui il appartiendra, tous les

« malfacteurs qui seront trouvés en fraude et toutes « autres affaires qui regardent sa charge. Et les frais « qu'il sera obligé de faire lui seront remboursés par « la communauté. »

Le *Baile* participait à la fois de l'huissier, du garde-champêtre et du crieur public. C'était le *bajulus* antique, avec, peut-être, un degré de plus dans la hiérarchie sociale. Le 21 décembre 1755, on nomme un nouveau baile et voici les conditions qu'on lui impose : « A été délibéré qu'on nomme Jean Car- « rière, habitant du présent lieu, pour servir de « baile. En conséquence, ledit Jean Carrière, ici « présent, promet de faire le devoir de sa charge « en honneste homme, selon Dieu et sa conscience. « Moyennant ce, ledit Carrière jouira, pendant tout « le temps qu'il exercera, de tous les droits et émo- « luments attachés à la charge de baile et fera sa « résidence dans la maison du concierge (dépendante « de la mairie) et sera tenu de veiller à ce que ne « soit point fait ni porté d'immondices dans la halle « qui est attenante à la conciergerie, comme ainsi « qu'il ne soit point jeté de pierres sur les toits des « édifices publics, et de chacun qu'il y surprendra il « lui sera payé 5 sols. Des proclamations qui seront « faites, il sera payé conformément à l'usage, sans « que personne autre que lui puisse faire lesdites « criées. »

Le baile était nommé directement par les consuls et prêtait serment entre leurs mains.

Le *Greffier* tenait le registre des délibérations et faisait les écritures. Il assistait aux séances du Conseil, mais n'avait pas voix délibérative. Jusqu'en 1775, il ne recevait que 30 livres de gages ; le 14 mai de cette même année, on demande à l'Intendant l'autorisation de doubler cette somme. En 1784, un arrêt du Conseil d'Etat, notifié aux communes, porte que « ceux qui exerceront l'office de greffier sans provi-« sion ou commission du Grand Sceau, seront inter-« dits ».

Quant aux *notaires*, bien que leur charge soit indépendante de l'organisation municipale, ils y jouent un rôle trop important et trop fréquent pour ne pas être mentionnés ici. Leur charge, comme nous l'avons vu au temps de Guillaume du Cros, fut souvent inféodée. Citons la famille *Cantalauze* dont plusieurs membres furent maires ou notaires à Villenouvelle dans le cours des dix-septième et dix-huitieme siècles.

Le personnel de l'administration nous étant connu, voyons-le fonctionner et, tout d'abord, examinons la perception des impôts. Ceux-ci étaient votés à deux degrés : une première fois par les Etats de la province qui les répartissaient entre les diocèses, une seconde fois par les diocèses qui les répartissaient à leur tour entre les communes. Chaque année, les consuls publiaient la *mande*, c'est-à-dire les instructions envoyées par l'Intendant sur la levée de la contribution. Voici, à titre de document, la mande de 1767 : « L'an mil sept cent soixante-sept et le vingt-« huitième jour du mois de juin, à Villenouvelle-de-« Lauragois du diocèse de Toulouse, et dans la mai-« son commune dudit lieu, se sont assemblés en « conseil ordinaire de la communauté les sieurs « François Gailhard, Jean Izar, Jean Mathieu et Jean « Vignard, consuls dudit lieu, auxquels a été exposé « qu'ils ont reçu la mande royale de Messieurs les « Commissaires du diocèse, en conséquence de la-

« quelle il doit être imposé sur cette communauté, la « présente année, la somme de *quatre mille huit* « *cent quarante-deux livres, deux deniers* ».

CHAPITRE PREMIER

SOMMES CONTENUES DANS LA MANDE

Premièrement, pour la quotité de toutes les sommes imposées sur le diocèse, sçavoir :

	Livres	Sols	Deniers
Pour la taille	221	11	7
Pour le taillon	69	8	»
Pour les mortes-payes	11	15	10
Pour les garnisons	83	5	8
Pour l'étape	32	5	6
Pour les deniers extraordinaires	3376	1	5
Pour les frais de l'Assiette	541	16	7
Pour le denier et demi pour livre attribué aux commissaires et receveurs des tailles	26	15	3
Pour les emprunts relatifs au recreusement de l'Hers	359	13	7
Pour les indemnités relatives aux moulins démolis	39	10	3
Pour le remboursement du prix des menus habillements des miliciens	29	18	6
TOTAL	4842	2	2

CHAPITRE SECOND

DÉPENSES ORDINAIRES

Plus, a été imposé pour les dépenses ordinaires de la communauté, conformément au règlement de Nosseigneurs les Commissaires du Roi et des États, arrêté le 31 janvier 1744 et ordonnance de permission du 5e juillet 1760, dont lecture a été faite en procédant à ladite imposition, la somme de *deux cent quatre-vingt-trois livres*, sçavoir :

	Livres	Sols	Deniers
	—	—	—
Pour les quatre consuls, à raison de dix livres au premier et huit livres à chacun des deux autres	34	»	»
Pour le valet consulaire	6	»	»
Pour le greffier de la communauté	30	»	»
Pour le régent des écoles	150	»	»
Pour le loyer de la maison du vicaire	24	»	»
Pour le carillonneur et l'entretien de l'horloge	30	»	»
Pour le juge et son greffier, pour la prestation de serment des nouveaux consuls	9	»	»
Total	283	»	»

CHAPITRE TROISIÈME

DÉPENSES IMPRÉVUES

	Livres	Sols	Deniers
	—	—	—
Pour les dépenses imprévues de la communauté, suivant le règlement de Nosseigneurs les Commissaires du Roi	30	»	»

CHAPITRE QUATRIÈME

	Livres	Sols	Deniers
	—	—	—
Sommes imposées au profit des receveurs des tailles et du taillon, suivant l'ordonnance de Nosseigneurs les Commissaires du Roi et des États et dont l'imposition est permise sur la mande	19	16	»
Total des chapitres I, II, III et IV	5174	18	2

CHAPITRE CINQUIÈME

MOINS IMPOSÉ

	Livres	Sols	Deniers
	—	—	—
Sur la précédente somme, a été distrait celle provenant des revenus patrimoniaux de la communauté, ci	1077	2	5
Reste à imposer	4097	15	9

CHAPITRE SIXIÈME

DROIT DES LEVEURES (LEVÉES)

	Livres	Sols	Deniers
	—	—	—
Les leveures ou taxations de ladite somme de quatre mil nonante sept livres, quinze sols, neuf deniers, qui reste à imposer, reviennent, à raison de quatorze deniers pour livre, à la somme ci-contre que le sieur Bréfeil, collecteur la présente année, retiendra par ses mains.........................	239	»	8
REVENANT au total les impositions et droits de leveures ci-dessus, à.........................	4336	16	5

« Sur quoi, a été unanimement délibéré que ladite « somme de quatre mil trois cent trente six livres, « seize sols, cinq deniers, sera imposée la présente année sur tous les biens tenans et contribuables de la communauté et départie au sol la livre. « La levée desquelles sommes la communauté a baillé « et baille au sieur Jean-Pierre Bréfeil, collecteur « volontaire, habitant du présent lieu, à raison de « quatorze deniers pour livre, suivant son offre, à la « charge par ledit Bréfeil de faire livre nette et sans « reprise à la Communauté et de rendre compte de « la levée desdites sommes. Lequel ici présent et ac- « ceptant, a présenté pour sa caution le sieur Jean « Dutour, bourgeois du présent lieu, ici présent, lesquels ont promis solidairement de faire ladite levée « et d'exécuter de point en point les obligations sus- « dites. Et ont signé avec nous lesdits consuls délibérants. »

La charge de *collecteur* obligeait celui qui l'avait acceptée à présenter ses comptes aux conseillers politiques et consulaires aussitôt sa mission remplie. On lui délivrait alors une quittance en due forme, qui déchargeait sa responsabilité. C'est ainsi que nous voyons le sieur Bréfeil se présenter, quelques mois plus tard, aux conseillers de Villenouvelle, qui rédigent alors le procès-verbal suivant : « Ont proposé « les sieurs consuls que le sieur Jean-Pierre Bréfeil, « collecteur volontaire de la présente communauté, « leur ont remis le compte de ses recettes et dépenses « pour être approuvées s'il y a lieu, avec les pièces « justificatives dont la recette se porte à la somme de « 5.413 livres, 18 sols, 10 deniers, et la dépense à « celle de 5.434 livres, 18 sols, 10 deniers. Sur quoi, « le conseil, après en avoir délibéré, a donné son « approbation. »

Les comptes étaient ensuite définitivement apurés et liquidés par le vérificateur de l'Assiette, qui prenait le titre d'*Auditeur des comptes*.

Donnons quelques explications sur les divers impôts que nous venons d'énumérer. En tête figure la *taille*. La taille se percevait à l'aide du cadastre et s'évaluait à la fois sur la contenance des biens et l'importance de leurs revenus. On peut donc dire qu'elle était un moyen terme entre l'impôt foncier d'aujourd'hui et l'impôt sur le revenu qu'on cherche à lui substituer. Tous les biens-fonds, à l'exception des biens nobles, y étaient assujettis. Si l'on voit quelquefois apparaître sur les rôles des contributions les mots d'*Aide* et d'*Équivalent*, ce ne sont que des transformations de la taille primitive dont il est inutile de nous occuper ici ; leur perception peut différer de celle de la taille, mais leur rôle est le même : supporter les charges de l'Etat et alimenter le Trésor public.

Le *taillon* était affecté à l'entretien de la *gendarmerie*. Ce corps ancien et glorieux, qu'il faut se garder de confondre avec la *maréchaussée*, avait, par faveur spéciale, conservé son budget particulier.

Les *mortes-payes* étaient les sommes affectées à l'entretien des anciens soldats, invalides ou retraités, qu'on continuait à payer après leur sortie du service actif. L'emploi de cette dépense, fort difficile à contrôler, donna lieu à de nombreux abus.

L'impôt des *garnisons* était la quote part versée par chaque commune pour solder, nourrir et habiller les troupes stationnées sur le territoire de la Province.

La contribution des *étapes* fut une des plus impopulaires, car le service des étapes, imparfaitement organisé, entraîna à beaucoup d'exactions. Un entrepreneur était tenu, moyennant une subvention votée par les Etats, de faire toutes les fournitures nécessaires aux troupes en marche, mais cette subvention était presque toujours insuffisante et les habitants, outre leurs contributions en espèces, se voyaient rançonnés en vivres, en fourrages et en matériel de toute sorte, chaque fois qu'un régiment passait dans leur localité.

Les *deniers extraordinaires* correspondaient assez exactement aux *centimes additionnels* votés aujourd'hui par les conseils généraux. Ils étaient arrivés à constituer une charge considérable pour les communes, comme on peut s'en convaincre par l'exemple précédent.

L'*emprunt relatif au recreusement de l'Hers* et *l'indemnité pour les moulins démolis* étaient des impôts de circonstance sur lesquels nous aurons sujet de nous expliquer dans un chapitre subséquent. Nous dirons aussi, plus tard, en quoi consistait *le remboursement pour l'habillement des miliciens*.

Il nous faut, auparavant, citer deux impositions qui se percevaient en dehors de la taille, mais n'en figuraient pas moins dans les dépenses du budget communal, *la Capitation* et *le Vingtième.*

Les rôles de *la Capitation* étaient dressés à l'Assemblée du diocèse et Villenouvelle y participait en la personne de deux de ses délégués. Citons, à titre d'exemple, la délibération du 23 mai 1778, ainsi conçue : « par les sieurs consuls a été proposé qu'ils « ont reçu de Messieurs les Commissaires du diocèse « de Toulouse, en date du 10 courant, une communi- « cation portant que la somme de 767 livres, 10 deniers, « doit être départie sur tous les habitants de la présente « communauté sujets à la taxe de la capitation et que, « en conséquence, les rolles doivent être faits en la « forme ordinaire et on doit députer deux personnes « pour porter lesdits rolles à Toulouse, au Bureau « de la capitation, le mercredy 1er juin prochain, à « huit heures du matin, et estre présents à la taxe et « département de ladite somme de 767 livres, 10 de- « niers, qui sera départie par MM. les commissaires « du diocèse sur ceux compris dans lesdits rolles, sur « quoi on est prié de délibérer.

« Sur quoi a été unanimement délibéré qu'on dé- « pute pour aller à Toulouse porter les rolles de ca- « pitation et estre présens à la taxe de capitation les « sieurs Guillaume Passios, second consul, et le sieur « Jean Pierre Mathieu Bosquet. Ainsi conclud et des- « libéré. »

La capitation était versée, pour une moitié seulement, dans les caisses du Trésor public. L'autre moitié était abandonnée à la Province et employée à rembourser les emprunts contractés par les États.

Le *Vingtième* faisait, comme la capitation, l'objet

d'une perception spéciale. Cet impôt, levé sur certains industriels, n'était pas sans analogie avec la contribution actuelle des patentes. Les communes étaient autorisées à le payer sous forme de rente ou, comme on disait alors, « par abonnement. » Une moitié du vingtième allait grossir les recettes générales du Royaume, l'autre moitié, réservée à la Province, était destinée à remplacer les non-valeurs de l'impôt foncier et à combler le déficit provenant des biens nobles. Le Syndic du diocèse établissait le vingtième au moyen des renseignements que les conseillers municipaux lui fournissaient sous leur propre responsabilité. Dans une de leurs délibérations, nos consuls disent : « La présente communauté a été cotisée pour « la somme de trente livres et il doit être ajouté à cette « somme 6 deniers pour livre accordés aux collec- « teurs pour les frais du recouvrement. Les particu- « liers sujets au payement du vingtième de l'Indus- « trie pourront payer par forme d'abonnement le « montant en entier de ladite somme et par conséquent « il sera loisible aux redevables de faire entre eux « un état de répartition particulière et recouvrement « comme bon leur semblera et d'être déchargés des « 6 deniers par livre du droit attribué aux collec- « teurs. L'assemblée a délibéré qu'attendu que dans « la présente communauté il n'y a pas nombre de gens « en état de supporter ladite taxe, elle sera répartie « sur le corps des habitants ; auquel effet l'assemblée « nomme quatre répartiteurs, ce qui revient à choisir « le payement par forme d'abonnement autorisé par « l'ordonnance ci-dessus. »

Outre les impôts dont nous venons de parler, la commune avait des obligations de différentes sortes, les unes purement morales, comme l'*hommage* et le *serment de fidélité,* les autres pécuniaires ou matérielles, comme l'*albergue,* les *censives,* etc. Or, soit par suite de mutations foncières dont la déclaration n'avait pas été faite en temps opportun, soit par suite d'erreurs dans les actes de ventes, d'achat, d'héritages, de fermages ou de dénombrements, on se trouva, plus d'une fois, en désaccord avec le fisc et en opposition avec la loi. La délibération du 28 mars 1769 en donne la preuve : « par les sieurs « consuls a été dit et représenté qu'il serait de « l'intérêt de la communauté de faire renouveler « les reconnaissances du domaine dont elle est enga- « giste ; ce serait d'autant *plus nécessaire qu'elles « n'ont pas été renouvelées depuis l'année 1672 ;* « il y a eu tant de changements de main depuis ces « reconnaissances, que le fermier de la communauté « ne sçait souvent à qui demander les censives et « autres droits seigneuriaux. D'ailleurs, tous les sei- « gneurs directs de ce lieu, se sont faits reconnaître « tant de fois depuis ledit renouvellement, fait en « mil six cent soixante et douze, qu'on ne sçait point « s'ils se sont étendus sur les fiefs du domaine et « comme il est juste et même du devoir de la commu- « nauté de veiller à la conservation du domaine de « la Couronne dont elle ne tient qu'au susdit titre « d'engagement, il conviendrait qu'elle demandât la « permission à Monseigneur l'Intendant de faire re- « nouveler les dites reconnaissances à son nom. Nous « avons, pour cela, une occasion des plus favorables « qui est que le sieur Dutour fils, habitant de ce lieu, « a verbalement offert de faire ledit renouvellement « pour les simples droits de reconnaissance, ne vou- « lant, néanmoins, se charger d'aucune poursuite de « procès si aucun il y en a entre la communauté et « les seigneurs directs de ce lieu, à raison de quelque

« combat de fief, mais il a offert de faire consentir
« toutes les reconnaissances où il n'y aura point de
« contestations et d'en fournir un extrait à la com-
« munauté ainsi qu'à son fermier, afin qu'il puisse
« aisément lever les censives et autres droits sei-
« gneuriaux ».

Nous avons parlé du droit d'*Albergue* que la commune payait au roi, nous avons dit que ce droit, primitivement institué pour indemniser les seigeurs de leurs frais de logement et de déplacement, quand ils se portaient au secours de leurs vassaux menacés, avait été peu à peu détourné de sa destination première et substitué à des impôts très différents, tels, par exemple, que le droit d'*acapte*. C'est sous cette dernière forme, et sous prétexte que le four banal avait été aliéné du domaine royal, quelques cent ans auparavant, que le duc de Villars, nouvellement créé comte de Lauraguais, prétendit imposer une albergue de 80 livres aux habitants. La raison était mauvaise, mais le principe était légitime : l'albergue de Villenouvelle existait, non pas en tant que droit de mutation, mais en vertu des édits de Louis XI, fondateur de la commune et auteur de sa constitution. Ce litige fit l'objet du'un long procès, enfin tranché le 21 septembre 1783, par un arrêt de la Cour des Aides, ainsi conçu : « vu l'instance devant nous intro-
« duite et pendante entre messire Louis de Brancás,
« duc de Villars, pair de France, engagiste du comté
« de Lauraguais, demandant sur exploit du 8 août 1778
« à ce que MM. les maires, consuls et la communauté
« de Villenouvelle soient condamnés à lui payer l'al-
« bergue annuelle de 80 livres, à cause de l'alié-
« nation du four banal dudit lieu, consentie le
« 28 avril 1688, par les commissaires du Roy au profit

« de Jean Rodes, plus les arrérages depuis vingt-« neuf ans, lesdits maires et consuls, d'autre part, « ayant fait valoir qu'en 1712 il fut payé la somme « de 1275 livres pour droit de confirmation du do-« maine de Villenouvelle, cette albergue est réduite « aux trois huitièmes ».

Les trois huitièmes de 80 ne donnaient que 30, et 29 fois 30 ne faisaient jamais que 870. 870 livres eussent été une dette acceptable, mais les intérêts ajoutés aux frais firent monter le procès à *1771 livres, 13 sols* et *5 deniers*. Et nos braves consuls trouvèrent qu'on leur faisait payer un peu cher leurs velléités de résistance et leur obstination !

La *police* faisait partie de l'administration municipale, c'est le cas d'en dire un mot. La police urbaine appartenait aux consuls, ils l'exerçaient avec l'aide du *baile* et la chronique nous apprend que leur tâche fut parfois difficile. En 1760, plusieurs jeunes gens de Villenouvelle, parmi lesquels Jacques Mathieu, sergent au régiment de *la Roche-Aymond,* eurent l'inconvenante fantaisie d'organiser un bal le 29 novembre, jour de la fête de saint Sernin, « au moment « même où le Saint-Sacrement était exposé dans « l'église. » Dispersés une première fois, ils revinrent quelque temps après, plus nombreux et plus bruyants. En vain les consuls, revêtus de leurs chaperons, essayèrent-ils d'arrêter ces ébats inopportuns, en vain représentèrent-ils à cette bruyante jeunesse combien son attitude était scandaleuse en un moment où une épidémie terrible ravageait la contrée (peut-être veut-on parler de la suette qui fit de nombreuses victimes à cette époque) et où venait de paraître un mandement de Monseigneur l'Archevêque prescrivant de se recueillir et d'adresser au Ciel des prières publiques. Rien n'y fit ! Mathieu et ses acolytes répondirent à ces sommations par des sarcasmes et se mirent à parcourir les rues du village, tambour battant.

Le vacarme dura toute la nuit, sans que rien put le faire cesser. Une interminable délibération du Conseil nous raconte ce scandale en grand détail et se termine par une requête adressée au maréchal de Thomond, commandant militaire de la province, pour le prier de « faire châtier les perturbateurs du repos « public ».

En 1771, nouveaux désordres et nouvelles protestations : il y a une certaine fille Mouchan qui scandalise Villenouvelle par sa conduite ; son logement est le rendez-vous de tous les galapians du village, il ne se passe pas de nuit sans qu'une querelle, une bagarre, un charivari quelconque n'éclate à sa porte. Les voisins sont exaspérés, les honnêtes gens réclament, il faut aviser. Le sieur Fréret, premier consul, se rend sur les lieux, accompagné du baile et de quatre témoins ; la fille Mouchan est surprise par eux en conversation intime avec un sien ami, soldat au régiment des *Dragons de la Reine.* Là-dessus, procès-verbal très détaillé du baile, réquisition en règle du Procureur juridictionnel, copieuse délibération des consuls qui adressent un « placet » au Procureur général au Parlement, pour le « supplier de faire « mettre ladite Mouchan en lieu de sûreté ».

Nous pourrions citer encore un long procès-verbal de 1775 où nos édiles se plaignent d'une « jeunesse libertine qui, après avoir passé la nuit à boire, se répand dans la campagne pour voler les fruits dans les jardins, les raisins dans les vignes, les volailles dans les poulaillers ». A la suite de quoi les consuls

de Villenouvelle « sollicitent de Monseigneur le com-
« mandant de la Province un ordre pour faire pa-
« trouiller dans la ville et la campagne pendant tout
« le temps que la récolte sera à la merci des voleurs. »

Pourquoi toutes ces requêtes quand un simple arrêté municipal aurait suffi ? Nos malheureux édiles ont été si bien dépouillés de toute initiative et de toute autorité, que pour la plus insignifiante mesure de police ils sont obligés de s'adresser à Monseigneur le Gouverneur, à Monseigneur le Commandant militaire, à Monseigneur l'Archevêque ou à Monseigneur l'Intendant ! Ils sont haut-justiciers de la Seigneurie de Villenouvelle et n'ont pas le pouvoir de faire conduire un ivrogne au violon ! C'est bien la peine d'avoir une toque de juge et un chaperon armorié !

Ne prenons rien au tragique, les incidents dont nous venons de parler et qui se renouvellent fréquemment dans notre commune à la fin de l'ancien régime, ne sont, à vrai dire, que des gamineries, mais il est au moins fâcheux de ne pouvoir les réprimer ! Et, comme le désordre augmente tous les jours, comme l'autorité est de plus en plus faible et la canaille de plus en plus osée, on est bien forcé de voir dans le nouvel état de choses, un indice de la Révolution qui vient !

Pourtant, on avait pris des mesures pour que les amusements populaires ne dégénérassent pas en saturnales et le rôle du *Capitaine de la Jeunesse*, dont nous avons parlé à l'occasion du passage de Montmorency à Villenouvelle, était précisément de maintenir le bon ordre au milieu de la gaîté. A la tête des jeunes gens du village, ce « capitaine » présidait aux réjouissances, organisait les cortèges, commandait les salves de mousqueterie, allumait les feux de joie. On le prenait ordinairement parmi les jeunes, mais on avait soin de choisir le plus sage des jeunes et le plus propre à imposer son autorité. Si quelque désordre venait à éclater pendant le bal ou la musique, c'est à lui qu'on s'en prenait. Ceci explique peut-être l'impopularité de cette fonction malgré les avantages pécuniaires ou honorifiques réservés à ceux qui l'acceptaient. Le 13 mai 1706, le sieur Cantalauze, premier consul, réunit les conseillers de Villenouvelle pour statuer sur le cas de Pierre Rodes, capitaine de la jeunesse, qui a négligé les devoirs de sa charge. Après une délibération sévère où ledit Rodes encourt la réprobation unanime de l'assistance, on décide de lui nommer « un remplaçant auquel appartiendra l'herbe du pré communal à ce destinée. Et sera tenu, ledit remplaçant de faire toutes les fonctions de son emploi à peine de privation des faveurs et distinctions en usage dans la communauté ».

Pendant longtemps l'institution est florissante, la jeunesse de Villenouvelle possède non seulement un capitaine, mais un ou deux lieutenants et plusieurs sous-officiers; mais peu à peu l'enthousiasme se perd, le recrutement devient difficile et le temps viendra où la désorganisation sera complète et la police des jeux remplacée par la licence absolue. La délibération du 27 avril 1734 semble prévoir avec tristesse cette éventualité : « A été proposé au conseil que le « jour désigné pour la nomination du capitaine de « la jeunesse est le jour d'aujourd'hui, et attendu que « celui qui fut nommé l'année dernière n'a point servi « et qu'il est, par conséquent, déchu de tout emploi, « l'assemblée est priée de délibérer... Sur quoi, a été « unanimement décidé que, vu *la misère des temps*, « il n'y aurait point de capitaine pour la présente

« année, mais qu'il serait tiré un sort pour celui qui « y tombera l'année prochaine en ladite qualité. Ce « que n'arrivant pas, le pré destiné pour un tel cas « sera réservé pour une autre destination. »

Peut-être sera-t-on curieux de connaître les événements qui furent célébrés par des réjouissances publiques, à Villenouvelle, pendant le cours des dix-septième et dix-huitième siècles ? Ce sont :

En décembre 1618, le passage du duc de Montmorency.

En 1729, la naissance du Dauphin, fils de Louis XV.

En 1734, les victoires des armées françaises sur le Rhin et en Italie.

En 1739, la conclusion du traité de Vienne.

En 1744, la guérison inespérée de Louis XV, tombé malade à Metz, pendant la guerre de la succession d'Autriche.

En 1755, la naissance du comte de Provence.

En 1757, la naissance du comte d'Artois.

En 1781, la naissance du Dauphin Louis-Joseph, premier fils de Louis XVI.

En 1784, la conclusion du Traité de Versailles.

En 1785, la naissance du duc de Normandie. (Louïs XVII).

Le programme de ces réjouissances était toujours le même : *Te Deum*, feu de joie, salves de mousqueterie, illumination de l'église et des maisons en façade sur la rue et *cinq sols d'amende à ceux qui contreviendraient à ces dispositions*.

Ces « cinq sols d'amende » nous donnent matière à réflexion : quand Voltaire raconte, avec emphase, les « transports inouïs de joie » qui accueillirent la nouvelle de la convalescence de Louis XV, en 1744, nous voulons bien le croire, mais nous ne pouvons oublier les « cinq sols d'amende » et l'élan que leur annonce dut forcément donner aux manifestations !

Disons un mot de la *chasse* ; c'est encore parler lois et règlements. Le droit de chasse était très exclusif au moyen-âge, le seigneur haut-justicier pouvait seul en user pour lui-même et pour ses vassaux. Encore fallait-il que ceux-ci fussent nobles et personnages de qualité. Plus tard, ces prescriptions devinrent moins rigoureuses, mais elles ne cessèrent pas d'être inscrites dans la loi et, jusqu'à la Révolution, c'est sur elles qu'on se basa pour la répression des contraventions et la solution des conflits.

En 1724, Villenouvelle a un procès de ce genre avec Madame de Saint-Félix, seigneuresse de Mauremont. La querelle n'est, au fond, qu'une question de droits seigneuriaux ; il s'agit de savoir si la requérante peut autoriser des amis ou parents à elle à chasser sur les terres qu'elle possède dans la seigneurie voisine ? Non, puisqu'elle n'est plus haute-justicière dès qu'elle a franchi les limites de sa propre juridiction. Et c'est vraisemblablement dans ce sens que fut tranché le différend, puisque nos archives nous apprennent que les représentants de la commune eurent, dans cette affaire, pleine et entière satisfaction.

Nous pourrions répéter, à propos de la chasse, ce que nous disions à propos des réjouissances publiques : le repect des lois, des propriétés et des personnes, disparaît au fur et à mesure qu'on approche de la Révolution ; témoin la délibération suivante, rédigée en 1778 ; « la chasse est devenue si commune, « dans cette communauté, depuis quelque temps,

« qu'on voit nombre de chasseurs chasser non seu-
« lement dans les terres ensemencées, mais encore
» dans les vignes, en toute saison, et, poussant encore
« plus loin leur témérité, ils tirent aux pigeons et à
« toutes sortes de volailles. Des chasseurs ou, pour
« mieux dire, des braconniers, chassent sans aucun
« droit, car, s'ils osent supposer quelque permission,
« c'est, sans doute, qu'ils parlent de la disposition du
« droit romain qui permettait la chasse indifférem-
« ment à toutes sortes de personnes. Mais, comme
« par les lois du royaume, le droit de chasse est dé-
« pendant de la haute-justice et que le seigneur haut-
« justicier peut, lui seul, chasser et prohiber la chasse
« à tous autres, il est nécessaire, non seulement pour
« le bien public, mais l'observation des lois, etc... ».
Après une délibération prétentieuse, où nos consuls affichent, avec complaisance, leur science juridique et leur connaissance du droit romain, ils concluent à la nécessité d'avoir un garde. La nomination en est faite séance tenante et confirmée, quelques jours plus tard, par le Maître des eaux et forêts en Lauraguais.

Nous avons, on l'a vu, largement puisé dans le registre des délibérations communales pour arriver à reconstituer l'histoire de Villenouvelle. Il y a là une mine abondante en souvenirs précieux, mais les pièces originales font trop souvent défaut et le grimoire incorrect et broussailleux des scribes du conseil n'est pas toujours suffisant pour éclairer l'historien. Nous ne pouvons faire un grief à de braves gens qui souvent s'entendaient mieux à tenir le mancheron de la charrue que la plume du greffier, de leurs lourdes, longues et confuses descriptions, mais nous leur reprochons d'avoir mis peu d'ordre dans leurs archives et laissé perdre beaucoup de papiers précieux. Cependant, les recommandations et les prescriptions officielles ne leur manquaient pas : en 1744, l'Intendant donne l'ordre d'« enfermer les titres et documents de la communauté dans un coffre à deux « clefs, dont l'une sera conservée par le maire ou « premier consul et l'autre par le greffier. Et à cet « effet, tous les détenteurs d'iceux seront contraints « par toute voie de droits et par corps d'en faire la « remise trois jours après le commandement qui leur « en sera fait. Lequel coffre sera placé dans le lieu « qu'on trouvera à propos et le registre courant des « délibérations restera au pouvoir du greffier con- « sulaire ».

C'est l'église qu'on avait choisie pour lieu de dépôt des archives ainsi que la délibération suivante en fait foi : « Pour répondre à l'ordonnance de MM. les « Commissaires du Roi, par laquelle il est enjoint « aux communautés de faire connaître le détail de « leurs archives, nous avons déclaré, le vingt-neu- « vième juin 1773, que l'état actuel des titres de « ladite communauté consiste en : registre des déli- « bérations, privilèges des foires et marchés, et « ordonnances, renfermés dans un placard de l'église. « Les autres titres étant retenus au greffe de la Tré- « sorerie de Toulouse depuis 1724, faute d'avoir payé « certain rapport du jugement d'un dénombrement « fait en ladite année. D'autres, engagés dans un « procès que la communauté a eu (vraisemblable- « ment le procès Madron), sont à Montpellier, chez « M. Gonze, son procureur ».

Le 6 février suivant, le procureur juridictionnel de la commune rappelle qu' « y ayant dans l'église une « armoire à l'effet d'y enfermer tous les registres, il

« s'est aperçu qu'il en manquait beaucoup ; plusieurs « particuliers en sont détenteurs, aussi conviendra-« t-il de faire crier par le baile, devant la porte de « l'église, que ceux qui ont des papiers, ils les portent « chez le sieur Desbarrats, greffier, sinon permettre « à M. l'Intendant de les poursuivre. Il sera fait un « inventaire général ».

A défaut de cet inventaire général dont il n'est rien resté, voici l'énumération des pièces que le maire sortant possédait à la date du 21 mai 1784 et dont il fait remise à son successeur :

« 1° Pièces du procès intenté par messire de Bran-« cas, duc de Villars, sur une albergue demandée à « la communauté pour la faculté du four banal ;

« 2° Ordonnances de Nosseigneurs les Commissaires « du Roy et des Etats du 30 décembre 1782, concer-« nant l'administration des villes et communautés de « la province du Languedoc, c'est-à-dire les moyens « à prendre pour les délibérations et pour les em-« plois d'argent des communautés et régie des biens « patrimoniaux et autres dépenses à faire dont la « communauté ne peut rien prendre sans être auto-« risée par Monseigneur l'Intendant.

« 3° Cahier pour opérer la vérification des emprunts « ou avances faites par la communauté pour répara-« tions et autres dépenses et les moyens à prendre « pour parvenir à la réception des ouvrages, paye-« ments, emprunts et approbation de Monseigneur « l'Intendant.

« 4° Deux extraits de l'Ordonnance du Roy, du « 26 janvier 1773, concernant les recrues et autres « ordonnances de Monseigneur le Comte de Périgord, « commandant la Province, du 27 janvier 1783, pour

« conduire les consuls sur les engagements qu'il faut
« signer de la jeunesse qui s'engage au service du
« Roi.

« 5° Arrêt du Conseil d'Etat du Roy, du 6 septem-
« bre 1784, qui défend à toute personne de faire
« cultiver les francs bords de l'Hers et à tous bergers
« d'y mener paitre aucun bétail.

« 6° Avis aux communautés du diocèse de Toulouse
« touchant la réparation et l'entretien des chemins
« de la 4e classe.

« 7° Arrêt du Conseil d'Etat du Roy qui ordonne
« que ceux qui exercent des offices de greffier sans
« provision ou sans commission du Grand Sceau,
« seront interdits.

« 8° Ordonnance du Roy pour la publication de la
« paix entre l'Angleterre et la France. (Traité de
« Versailles, 1783) ».

« 9° Avis au public pour cours d'instruction gratuite
« qu'on donne aux sages-femmes pour les accouche-
« ments, lesquelles sont invitées de se rendre à
« Toulouse aux écoles establies dans cette ville pour
« s'instruire dans cette connaissance.

« 10° Affiche qui a été placardée pour réparation
« et gravellement du chemin qui conduit de Ville-
« nouvelle au canal royal à Négra.

« Le tout a été enfermé dans l'armoire aux archi-
« ves à trois clefs qui se trouve dans l'église de
« Notre-Dame des Anges, et pour la sûreté des archi-
« ves, désirant nous conformer aux ordonnances de
« NN. SS. les Commissaires du Roi et des Etats, les
« les clefs devant être gardées dudit (*sic*) armoire en
« mains sûres, seront remises à l'avenir, l'une au
« premier consul, la deuxième à un conseiller choisi,
« la troisième à tel notable habitant qu'on jugera

« bon, en observant, pour la sûreté des titres, que si « par besoin on déplace quelque pièce inventoriée, « celui qui s'en chargera y laissera en liasse sa déclaration qu'il ne pourra retirer qu'en remettant au « lieu et place ce qu'il aura pris, et par cet ordre on « n'aura plus de regret de se voir dépouiller, comme « on l'a été, de tant de titres ».

Vaines précautions ! Le pillage continua et dura longtemps. On ne s'en aperçoit que trop, aujourd'hui !

X

La vie militaire. — Les milices provinciales, leur recrutement.
Les milices bourgeoises. — Le logement des troupes.
La « foule » des gens de guerre.
La remonte, les réquisitions de chevaux.

L'armée de l'Ancien Régime comprenait trois éléments distincts : les *mercenaires étrangers*, qui formaient des corps spéciaux, les *engagés* ou plutôt les *enrôlés* français, qui prenaient rang dans les régiments actifs, enfin les *miliciens*.

Ce dernier contingent, le seul qui donnât lieu à des levées régulières et périodiques, est aussi le seul qui nous intéresse. Le nombre de miliciens que devaient fournir annuellement les communautés, était stipulé dans leurs chartes, ou bien réglé par les états provinciaux. Pour Villenouvelle, il fut de un, de deux, exceptionnellement de trois hommes pendant les grandes guerres de Louis XIV et sous le règne de Louis XV.

En temps de paix, les milices étaient placées sous les ordres du commandant militaire de la Province et de ses Lieutenants-généraux. En temps de guerre, elles étaient commandées par des officiers spéciaux ou bien fondues dans les corps actifs, comme cela se pratiqua pour la guerre de la succession d'Espagne. En cette circonstance, comme en bien d'autres, on dérogea au principe en vertu duquel *les miliciens ne devaient pas sortir du territoire français*.

Villenouvelle ne fut jamais *quartier d'assemblée*, c'est-à-dire chef lieu de recrutement ; c'est tantôt Villefranche, tantôt Baziège, quelquefois Montgiscard ou Castelnaudary, qui furent choisis en cette qualité. Tous les ans, les hommes non mariés ou veufs, de 18 à 40 ans (l'âge différa souvent) se réunissaient dans l'une de ces localités. Là, ils tiraient au sort, et la bonne ou la mauvaise chance désignait, dans la proportion voulue, ceux qui devaient rentrer chez eux ou partir pour la milice. Ces derniers recevaient de leur paroisse une veste, une camisole, une paire de souliers, une paire de guêtres, deux chemises et un hâvre-sac ; l'état fournissait le reste.

Voici un assez curieux exemple de recrutement :
« Ce jourd'hui, vingtième de mars 1706, a été déclaré
« par le premier consul de Villenouvelle que, le
« 12 décembre dernier, il reçut de M. de Baubarat
« (on veut dire M. de Bois-Barat, appartenant à la
« famille de Fieubet, de Montesquieu) subdélégué de
« Monseigneur l'Intendant, une missive par laquelle
« il ordonne que la communauté faira un état de tous
« les garsons, depuis l'âge de 18 ans jusques à 40,
« capables de servir, pour tirer au sort. L'un des-
« quels, à qui le sort tombera, sera appelé à marcher
« pour le service de Sa Majesté.

« A la suite de quoi, les sieurs consuls avaient fait
« l'état desdits garsons et *n'en avaient pu prendre*
« *aucun pour s'être évadés*. Et lesdits consuls ayant
« été avertis que l'un d'eux, nommé Jean Bellières,
« avait été pris et capturé par les consuls d'Auzielle
« pour marcher pour leur communauté, sur cet aver-
« tissement ils seraient allés audit Auzielle et ayant
« trouvé ledit Bellières dans le château du Seigneur,

« retenu prisonnier, auraient, lesdits consuls, fait « signifier acte de leur remettre le transfuge entre « les mains.... ». Cette sommation est repousée et une contestation violente s'engage entre les consuls de Villenouvelle et les consuls d'Auzielle. Les uns s'entêtent dans leur bon droit, les autres ne veulent pas lâcher la proie qu'un heureux hasard leur a servie ; tous savent bien, d'ailleurs, que si le Bellières n'est pas remis à l'autorité militaire, il faudra trouver un autre homme pour le remplacer et la perspective de recommencer la pénible chasse aux conscrits, les rend plus âpres à la lutte et plus acharnés dans leurs réclamations. C'est en termes enflammés que le greffier du conseil nous raconte l'histoire de ce milicien, menacé de subir, entre deux communes rivales, le jugement de Salomon ; mais son récit est long et nous avons dû l'abréger. Qu'il nous suffise de savoir que l'aventure se termina par l'intervention des sergents du Roi qui mirent tout le monde d'accord en emmenant le réfractaire au poste. Et voilà qui nous édifie pleinement sur l'enthousiasme avec lequel les miliciens de 1706 — et de toujours — couraient au service de Sa Majesté !

Chaque commune payait les frais de nourriture et d'entretien des conscrits qu'elle mettait en route. Le 27 avril 1727, on rend compte que « le sieur Ramondon « a fait dépense, pour la communauté, en faisant la « conduite des miliciens, de la somme de 12 livres, « 8 sols ; plus 3 livres desquelles il leur a fait pré- « sent au nom de la communauté et 4 livres pour « deux journées par lui employées à leur conduite à « la ville de Castelnaudary, à raison de 40 sols par « jour comme la communauté l'a accordé jusques « icy, montant en tout à la susdite somme de 12 li- « vres, 8 sols. »

Le contingent des milices fut notablement accru sous Louis XV, ainsi qu'il est prouvé par le procès-verbal du 14 février 1734 : « En conséquence de l'or- « donnance de Sa Majesté et l'état de répartition « arrêté sur toutes les provinces et généralités du « Royaume, dans lequel la province du Languedoc, « qui ne fournissait ci-devant que six bataillons com- « posés de 600 hommes chacun, faisant ensemble « 3.600 hommes, a été comprise pour 5.470 qui four- « niront à l'avenir 8 bataillons de 634 hommes cha- « cun, pour cet effet la présente communauté est « mandée d'en fournir un en augmentation, ce qui « fera le compte de trois, en ayant déjà deux des pré- « cédentes levées. »

Indépendamment des *milices provinciales*, des *milices bourgeoises* furent, à différentes reprises, organisées dans les communes pour assurer l'ordre et veiller à la sécurité publique. Les consuls dressaient la liste des citoyens valides et l'intendant délivrait les armes, les munitions et le matériel nécessaires à leur équipement. Pendant les guerres de religion, une garde bourgeoise fut installée en permanence aux portes de Villenouvelle. Les mêmes faits se reproduisirent en 1610, lors de l'assassinat de Henri IV, et plus tard, quand le Languedoc fut agité par la révolte de Montmorency.

Le 6 mars 1691, on donne l'ordre de « rechercher et remettre au subdélégué de l'Intendance le procès-verbal de la remise des armes de la milice bourgeoise dressé en 1686 ».

Ces mesures ne sont d'ailleurs que temporaires. Dès que le calme revient, la milice disparait et fait place aux pacifiques guerriers que commande le *Ca-*

pitaine de la jeunesse. Ceux-ci ne tirent qu'à poudre et ne déchargent leurs mousquets qu'en signe d'allégresse.

Disons un mot des troupes régulières : elles ne sont qu'exceptionnellement casernées à Villenouvelle, mais les militaires isolés, ainsi que nous l'avons vu par l'exemple du sergent Mathieu et d'un certain dragon, son émule, font, dans notre petite ville, de fréquentes et bruyantes apparitions. Le 6 février 1744, les consuls portent plainte contre « les « cavaliers du capitaine Mr de la Roquemartine, en « garnison à Baziège, *qui ont tué un homme*. Le pro- « cureur juridictionnel ne pouvant agir parce que « lesdits cavaliers ou bien ont déserté, ou bien ont « été envoyés par leur capitaine à d'autres compa- « gnies, le fait sera porté à la connaissance de Mon- « seigneur le Commandant de la Province ».

En 1775, une grave et dangereuse épizootie régnait dans le pays ; une garde bourgeoise fut organisée pour empêcher l'invasion du bétail étranger, mais les autorités trouvèrent cette mesure insuffisante et décidèrent d'envoyer à Villenouvelle un piquet de soldats. L'idée était fâcheuse et fut, comme on va le voir, une cause de trouble et d'ennuis pour nos compatriotes. « Le 26 octobre, disent les consuls, il nous « fut remis des ordres de M. le baron de Cadignan, « subdélégué, pour loger un brigadier et quatre dra- « gons, jusqu'à nouvel ordre, auxquels il doit être « fourni l'ustensile (matériel de campement). Cet or- « dre subit et sans autre avis nous a forcés de les « mettre à l'auberge jusques à ce que le logement « destiné pour eux fut en règle. On s'est bien gêné « pour leur trouver un logement, mais on a voulu

« obéir aux ordres du Roi ; on a choisi la maison ap-
« partenant aux religieuses de Castelnaudary, c'est
« la plus propice, ayant une écurie au-dessous, une
« chambre et une galerie au-dessus. Cependant, les
« dragons n'ont pas voulu l'accepter, voulant être
« logés chez les particuliers, donnant pour raison
« que leur solde n'est pas suffisante pour leur donner
« à vivre. Il a fallu leur céder, mais les particuliers
« en souffrent... La communauté s'est gardée jus-
« qu'ici par le moyen de patrouilles bourgeoises qui
« ont suffi à la préserver de l'épidémie. On offre de
« donner aux dragons 5 sols par jour pour leur us-
« tensile, de leur installer des lits, ils ne veulent pas,
« ils réclament en outre le bois... Le maire Carcassès
« se rendra à Toulouse pour aviser Monseigneur
« l'Intendant. »

La réponse de « Monseigneur l'Intendant » fut un ordre formel d'avoir à loger les dragons, auxquels chaque habitant dut fournir à tour de rôle les vivres et le coucher.

A partir de Louvois, les mouvements de troupes sont l'objet d'ordres sévères et précis ; mais avant lui, avant l'organisation des troupes régulières, surtout, lorsque l'armée ne se composait encore que de bandes mercenaires que des chefs improvisés conduisaient d'une province à l'autre, au hasard des sièges et des coups de main, nos campagnes souffrirent cruellement de ce qu'on appelait la « foule » des soldats. Un passage de troupes mettait la terreur dans une contrée, et nos annales sont remplies des plaintes que les exactions des soudards faisaient surgir de tous côtés. En 1656, la patience de nos compatriotes est à bout, et l'on envoie des émissaires au comte du

Roure, lieutenant-général, pour lui demander qu' « il soit permis aux habitants de la Province de courre sus aux troupes logées à Noé et à Villenouvelle, au cas où elles refuseraient d'obéir aux ordres qu'elles ont reçu de déloger desdits lieux ». (Archives du département, C-309.)

Ce n'est qu'à partir du dix-huitième siècle que Villenouvelle ne fut plus comptée comme gîte d'étape. Pendant les deux siècles précédents, elle avait payé fort cher l'avantage de se trouver sur une grande route. Dans les archives des Etats de la province, il est dit, à la date du 15 octobre 1658 : « M. du Roure, « lieutenant-général, sera prié de rétablir, sur la « ligne des étapes dressée par les Etats, le lieu de « Montgeard, auquel on a substitué celui de Ville« nouvelle, plus éloigné de l'étape de Guyenne. Si, « toutefois, les troupes allaient loger à Villenouvelle « et faisaient dans leurs routes aucunes foules, il est « arrêté que les particuliers qui en souffriraient en « seroient dédommagés sur les 300.000 livres dis« traites du Don gratuit (impôt qui s'ajoutait à la « taille et fut, plus tard, englobé dans celle-ci) de « l'année dernière et réservées pour la sûreté des « conditions dudit don. »

Un peu plus loin, on lit : « L'étapier du lieu de Vil« lenouvelle remboursera aux consuls dudit lieu les « vivres fournis par eux à des officiers et soldats du « régiment d'infanterie irlandais *O'Brien*, venus « d'Espagne, où ils avaient été tenus prisonniers. » Ce qui vient à l'appui de ce que nous avons dit précédemment des étapes et des conditions dans lesquelles le service en était effectué.

Nous n'en finirions pas s'il nous fallait énumérer tous les documents qui relatent un passage, un séjour et, le plus souvent, une foule de gens de guerre à Villenouvelle. Il en est un, pourtant, qui mérite d'être cité, parce qu'il montre le rôle important que joua notre petite ville dans un événement célèbre du seizième siècle, le siège de Montesquieu. C'est un ordre du duc de Joyeuse qui prescrit de fournir « *trois mille pains* et *trois pipes de vin* à plusieurs capitaines assemblés à Villenouvelle *pour quelque entreprise bien importante* ». Cette « entreprise bien importante » n'est autre que l'assaut que l'amiral préparait, en grand secret, contre nos voisins, les Huguenots de Montesquieu.

La *remonte* était, après le recrutement et les étapes, une des grandes préoccupations de l'administration militaire. Quand les chevaux de troupe ne suffisaient pas au service de l'armée, on opérait sur les provinces par voie de réquisition. Le 6 février 1744, on inscrit sur le registre des délibérations : « Une « ordonnance royale a prescrit de lever dix-huit « cents chevaux en Languedoc et Villenouvelle a été « désignée pour fournir un animal de bât. Comme « on n'en trouve point, une indemnité équivalente « sera prélevée sur la communauté et répartie entre « les quinze plus forts contribuables. » Au nombre de ces « quinze plus forts contribuables », notons en passant les noms de M. d'Aldéguier, de M. de Barthélemy et de Mlle de Maurémont

Quelquefois — pas toujours — on indemnisait les communes des frais qu'elles avaient subis. Le 28 juin 1781, on publie un avis en conformité duquel « le Roy a décidé de faire rentrer dans les caisses de « la Province, les indemnités allouées pour chevaux « de bât morts ou disparus, fournis en 1774 pour le

« service de l'armée. Il sera payé une indemnité de « 20 livres par bête morte et de 20 sols par chaque « journée qu'elle a fourni. Villenouvelle a fourni « deux chevaux qui furent employés pendant 251 jours « et moururent en campagne ; de ce fait, il lui sera « accordé 251 livres pour les journées et 40 livres « pour les chevaux. Cette somme sera déduite des « impositions et le sieur Jean Avignon chargé de la « retirer des mains de M. Fournier, receveur des « tailles du diocèse ».

XI

La vie religieuse et intellectuelle.
Les églises de Saint-Sernin et de Villenouvelle.
La légende de saint Dominique.
Les desservants. — Les institutions charitables, l'hôpital.
Régents, régentes et écoliers.

Notre église date de 1509. Les documents qui le prouvent ne sont plus entre nos mains, mais ils sont cités avec trop de précision par les avocats de la commune, dans le procès Madron, pour que nous puissions douter de leur authenticité. Certains archéologues, trompés par les apparences, lui ont assigné pour origine le treizième siècle; c'est évidemment une erreur; on ne peut admettre que l'église de Villenouvelle ait été élevée à une époque où le village lui-même n'existait pas; mais l'hypothèse d'une chapelle provisoire, primitivement construite par les habitants de Saint-Sernin sur l'emplacement actuel, et transformée plus tard en véritable église, est très admissible. D'après toutes les probabilités, l'édifice religieux dont nous admirons aujourd'hui l'imposante façade, ne fut pas bâti tel quel en une seule fois, mais eut à subir bien des remaniements successifs avant d'arriver à sa forme actuelle.

On a parlé d'une pierre gravée, trouvée dans les fondations du monument, un jour qu'on y exécutait certaines réparations. Cette pierre portait : d'un côté les figures du Christ, de Saint Jean et de la Vierge; de l'autre, l'effigie de Notre-Dame des Anges entourée de chérubins, avec le millésime de 1400. En admettant pour exacte cette découverte, rapportée par la *Semaine catholique de Toulouse* du mois de février 1867, elle prouverait simplement l'existence d'un oratoire, d'une chapelle rurale, comme il en existait tant autrefois, élevée par la piété des fidèles au bord de la route, à l'endroit même où s'éleva, plus tard, notre église.

La légende de saint Dominique, si populaire dans notre localité, n'est pas en contradiction avec cette hypothèse. On raconte que le célèbre prédicateur, se rendant au monastère de Prouille par l'ancienne voie romaine de Toulouse à Narbonne, s'arrêta, avec plusieurs de ses compagnons, au pied d'un chêne qui bordait la route. Les travailleurs des champs, attirés par la vue de ces étrangers s'approchèrent et le nombre des curieux augmenta rapidement quand la personnalité du saint prêtre fut connue et signalée. Cédant à son ardeur apostolique, celui-ci se mit à prêcher sur la dévotion du Rosaire qu'il venait d'instituer à Muret. Le pieux entretien se prolongea jusqu'à la chute du jour. Dominique adressa à Marie une prière que tous les assistants répétèrent avec ferveur et quand l'obscurité fut venue, l'horizon s'embrasa d'une lueur phosphorescente et trois étoiles d'or s'allumèrent à la voûte céleste. Le lendemain, à l'aube, les pèlerins reprirent leur route après avoir cloué, sur l'arbre qui les avait abrités pendant la nuit, une image de la Vierge entourée des saints Anges. Le chêne fut abattu plus tard et un petit oratoire élevé sur son emplacement. Telle est, d'après la tradition, l'origine de Notre-Dame des Anges.

Rien n'oblige l'historien à accepter cette légende, mais rien ne le force, non plus, à la rejeter entièrement. Pourquoi, dans l'Eglise de 1509, ne retrouverait-on pas les vestiges et le souvenir de monuments et d'événements plus anciens? Beaucoup plus anciens, en vérité, car 1213 est l'époque probable où saint Dominique traversa notre vallée.

L'idée de faire remonter au treizième siècle l'origine de l'église de Villenouvelle n'est pas admissible, mais il n'est guère plus raisonnable de reporter sa construction et celle du village après les guerres de religion. C'est pourtant l'opinion émise dans une délibération de 1775 que nous reproduisons à titre de curiosité : « Dans la présente communauté, est-il « dit, il y a deux églises, dans l'une desquelles la « charge des réparations du sanctuaire est aux fruits « prenants et que nous appelons Saint-Sernin de « Goudourville, éloignée de Villenouvelle d'environ « demi-quart de lieue, laquelle église est et a tou« jours été reconnue l'église paroissiale, et qu'il n'y « aurait dans cette communauté aucune autre église « que celle-là si les guerres civiles des protestants « n'eussent dévasté l'endroit où est bâtie ladite église « de Saint-Sernin ; mais comme, dans ce temps mal« heureux, toutes les maisons furent dévastées et « démolies par les Huguenots, tous les particuliers « malheureux choisirent l'emplacement que nous ap« pelons Villenouvelle pour y construire leurs mai« sons, attendu qu'elles se trouvent sur le chemin « qui conduit de Montpellier à Toulouse, et que « c'était l'endroit le plus commode pour eux et pour « leur commerce, tous les habitants convinrent una« nimement de faire bâtir une église dans ledit lieu « à leurs frais... »

Il suffit, pour comprendre l'invraisemblance de ce récit, de se reporter aux faits historiques que nous avons précédemment signalés : l'année la plus terrible des guerres de religion pour nos compatriotes, l'année des grandes tueries et des grandes dévastations, l'année où l'on achète des couleuvrines et où l'on part en guerre contre les Huguenots, c'est l'année 1569 ; or, à ce moment-là, Villenouvelle est non seulement bâtie, mais érigée en commune, dotée de ses privilèges, pourvue de son administration, et il y a près de cent ans, déjà, que les consuls rendent hommage au roi leur souverain. Les habitants n'ont certainement pas attendu si tard pour bâtir une église et, s'ils l'avaient bâtie dans les conditions précitées, on ne s'explique pas pourquoi ils auraient conservé l'ancienne. La fin du quinzième ou le commencement du seizième siècle, voilà la seule date que l'on puisse vraisemblablement assigner à la construction de Notre-Dame-des-Anges, tout en reconnaissant qu'elle porte un cachet plus ancien. Mais combien trouverait-on de monuments, dans notre région, pour lesquels les architectes se sont inspirés de modèles antérieurs !

Les *de Viguier*, que nous avons vus châtelains de Villenouvelle en 1633, occupaient encore la même résidence en 1697. Cette même année, un conflit, assez analogue au procès Madron, éclate entre eux et les consuls au sujet d'une « peinture de deuil » que Mlle de Viguier, veuve de M. de Bosignac, avait fait placer dans l'église et que les consuls font enlever aussitôt en protestant que « les peintures et armoiries placées dans les églises ne sont autorisées que des seuls seigneurs du lieu et paroisse, et que ni le sieur de Bosignac, ni la dame de Viguier, sa veuve, ne le sont pas du présent lieu de Villenouvelle, dont la seigneurie appartient aux habitants ». Ils avaient raison : aux termes de l'ancienne loi, apposer des emblêmes personnels dans une église était une faveur exclusivement réservée au détenteur de la haute justice; nul autre que lui ne pouvait en bénéficier. Et l'acte accompli par Mme de Bosignac était, sous une apparence frivole, une atteinte grave portée aux droits de la municipalité.

En 1702, les consuls demandèrent à l'intendant la permission de faire réparer l'église de Saint-Sernin, bien vieille et bien délabrée sans doute, puisque, en 1725, de nouveaux travaux furent nécessaires, et d'autres encore en 1753.

En 1732, l'église de Villenouvelle dut subir, elle aussi, des réparations : au cours d'un violent orage, son clocher, son portail et une partie de ses vitraux avaient été endommagés par la foudre. En 1755, on enleva les deux grilles qui fermaient les chapelles latérales du chœur, la sacristie établie dans l'une d'elles fut transférée dans une annexe et l'on sépara le chœur de la nef par une balustrade de communion.

Le 23 août 1767, on rend compte que le sieur Sam- « son, orfèvre de la ville de Toulouse, est venu à « Villenouvelle porter une vierge d'argent pesant « huit marcs cinq onces trois gros, à cinquante et « une livres le marc, la masse montant à la somme de « 442 livres 5 sols 6 deniers, le contrôle à 34 livres « 2 sols, et demande ledit Samson la somme de 200 li- « vres pour la façon, le tout revenant à la somme de « 674 livres 7 sols 6 deniers ». Après délibération, le prix ci-dessus est accepté; Samson reçoit comme acompte, des mains de Paul Raubaly, marchand, la somme de 407 livres 7 sols 6 deniers provenant d'une quête faite par les marguilliers de la communauté. On s'oblige à lui payer le reste dans un délai de deux ans, en y joignant les intérêts.

L'arrêt du Parlement du 6 octobre 1774 est à signaler, parce qu'il apparait comme l'épilogue et la conclusion du procès Madron et qu'il fixe un point de droit important de nos anciennes coutumes : « à l'a- « venir, il est défendu de vendre ni accorder aucun « droit de sépulture dans les églises, ni d'y enterrer « que le ministre des autels, les patrons fondateurs « ou haut-justiciers desdits lieux, ou ceux enfin qui « ont titre ou possession qui leur donne le droit de « sépulture dans icelles.

« De plus, les paroisses qui n'auront qu'un cime- « tière incommode ou trop petit, au centre des villes, « bourgs ou villages, seront obligés d'acquérir et se « procurer un lieu propre à servir de cimetière. »

Nos consuls s'emparent de ce jugement pour si- gnaler la situation défectueuse et l'accès difficile de leur cimetière : « L'Assemblée ne peut ignorer, di- « sent-ils, que le cimetière de cette paroisse ne soit « des plus incommodes, non seulement eu égard à « son éloignement de l'église, mais plus encore par « rapport au mauvais chemin qui, à certaines époques « de l'année, est si fort impraticable qu'il est arrivé « souvent que les parents eux-mêmes des défunts « n'ont pas eu le courage de s'y exposer pour accom- « pagner les cadavres au lieu de leur sépulture et « que, dans d'autres circonstances, ne pouvant s'y « rendre absolument, *on a été obligé d'ouvrir des* « *fosses dans l'église.* »

En 1775, l'Intendant écrit aux consuls : il s'étonne de voir figurer le matériel de l'église de Villenouvelle sur le budget communal, ne réfléchissant pas que cet édifice n'est qu'une chapelle privée entretenue aux frais des fidèles, au lieu que Saint-Sernin est à la charge des décimateurs. Les conseillers lui prouvent son erreur, et leur réponse est à citer parce qu'elle explique bien clairement la différence de gestion et d'administration des deux églises : « Les premiers « habitants de Villenouvelle, disent-ils, convinrent « unanimement de faire bâtir une église à leurs frais « et dépens, et d'acheter tous les ornements et vases « sacrés nécessaires au service divin, et que cette « église *serait à la charge de la communauté*, les « fruits prenants qui jouissent du revenu de la dime « n'ayant pas voulu y contribuer, attendu qu'ils étaient « obligés d'entretenir celle de Saint-Sernin. Mais, « comme il y a dans cette église de Villenouvelle une « argenterie considérable pour le service divin et qui « appartient à la communauté, Monseigneur l'Inten- « dant sera supplié d'agréer que l'on continue de « l'entretenir sur les ressources ordinaires, comme il « a été fait précédemment. »

Nos consuls ne manquent pas, toutes les fois qu'ils en trouvent l'occasion, de s'affirmer seuls et uniques gérants de la fabrique de Villenouvelle. L'avis est presque unanime sur cette question ; cependant, dans la séance du 14 octobre 1779, deux conseillers politiques, les sieurs Dutour et Carcassès, font opposition à la majorité, ils se refusent à l'achat d'un missel sur les fonds communaux, sous prétexte que le desservant de l'église a seul qualité pour cette acquisition. La discussion suit son cours et nous ne nous occuperions plus de ses péripéties si, très incidemment, elle ne déviait sur un sujet beaucoup plus intéressant pour nous : la participation de Villenouvelle aux événements de 1569 et, comme conséquence, l'achat des fameuses couleuvrines. « Que nos collè- « gues ouvrent les annales de l'église, s'écrie avec « un beau geste oratoire, l'un des interlocuteurs, ils « verront qu'en 1569 nos ancêtres délibérèrent de « vendre, *sans participation des fruits pressants*, « une partie de l'argenterie de Villenouvelle pour

« acheter des couleuvrines qui portaient l'empreinte « de cette date que la communauté possède à pré- « sent, avec poudre, boulets et autres munitions de « guerre, pour le soutien de Sa Majesté et repousser « les ennemis de leur bon Prince, de la religion et « les perturbateurs du repos public. Là, ils verront « aussi que cette délibération fut mise à exécution et « que les habitants de la communauté furent se « battre contre les Huguenots en la ville de Revel ».

L'exercice du culte, dans notre commune, était ainsi organisé : à Saint-Sernin, un curé, recteur officiel de la paroisse ; à Villenouvelle, un vicaire, détaché de Baziège et faisant office de desservant. Une part, mais une part seulement de la dîme était affectée au traitement de ces ecclésiastiques, l'antre part ayant été, comme dans presque toutes les communes du royaume, inféodée au profit de l'évêque ou d'ordres étrangers. Quant au matériel d'église, il était, comme nous l'avons dit, entretenu aux frais des habitants, à Vilenouvelle ; aux frais des décimateurs, à Saint-Sernin.

Il était bien difficile qu'une situation aussi compliquée se réglât sans conflits. Une première querelle éclata en 1755, quand il fut question d'ériger Villenouvelle en cure particulière. Le Curé de Baziège adhérait à ce projet, mais à condition qu'il continuât à percevoir la dime de Villenouvelle même après que le service de la paroisse lui aurait été enlevé. Cette prétention parfaitement injustifiée, souleva dans le Conseil une tempête de réclamations : « la paroisse « de Villenouvelle, firent remarquer les consuls, « étant annexe de Baziège, M. le Curé de Baziège y « perçoit la moitié de la dixme, l'autre moitié étant « divisée entre Monseigneur l'Archevêque et le Cha-

« pitre de Saint-Etienne, mais la portion des fruits « de notre paroisse n'a été adjugée à M. le Curé de « Baziège qu'à la charge qu'il y ferait le service et, « dès lors que Villenouvelle est érigée en bénéfice « cure, il n'y a plus aucun droit ». Là-dessus, nos braves conseillers, emportés par l'ardeur de la discussion, invoquent les Pères de l'Eglise, font intervenir Alexandre III, Grégoire VII et le Concile de Trente ! Frais d'éloquence inutiles, car le projet en resta là et Villenouvelle continua, jusqu'après la Révolution, à être desservie par un prêtre étranger.

Quelques années plus tard, c'est avec le curé de Saint-Sernin que la brouille éclate. Celui-ci réclamait, pour son église, un antiphonaire que les consuls de Villenouvelle prétendaient, de leur côté, appartenir à leur propre fabrique. On va en justice. Après deux ans de procès, le curé obtient un arrêt de la Cour déclarant indivis le matériel d'église de Villenouvelle et de Saint-Sernin. Indignation des consuls qui font appel auprès de M. de Rességuier, avocat-général au Parlement. La querelle reprend, se poursuit, se complique et durerait encore si la Révolution ne l'avait interrompue.

Quand ce n'est pas avec leur curé, c'est avec leur vicaire que les consuls de Villenouvelle sont en procès. En 1762, ils s'indignent que celui-ci ose leur demander 60 livres pour le loyer de son logement, « alors que, de tout temps, 10 livres ont suffi pour « cet objet ! » De part et d'autre, on s'adresse à l'Intendant. Celui-ci, assailli de réclamations, ennuyé de tout ce bruit, renvoie les parties dos à dos. La dispute s'arrête pour recommencer de plus belle quelque temps après. « Le curé de Baziège, disent les « consuls, a obligé la communauté dudit lieu à lui « faire bâtir une maison presbytérale dont la seule

« décoration a exigé une forte dépense, et comme « Villenouvelle se trouve annexe de Baziège, le vicaire « qui nous sert désire jouir des mêmes avantages. « Ne voulant pas se contenter d'un honoraire de « 10 livres pour son logement, il demande de lui « augmenter le louage à 60 livres. *Il vaudrait mieux « lui faire bâtir que de lui payer des loyers si chers!* » Après une délibération interminable où les arguments pleuvent et les considérants abondent, on finit par transiger et par accorder à cet insatiable vicaire 24 livres d'indemnité !

Mais les rapports restent tendus; le 24 mars 1765, comme les conseillers, revêtus de leurs chaperons, se sont rendus à leur banc d'œuvre, à l'église, pour procéder à l'élection des nouveaux marguilliers, de concert avec le desservant, celui-ci se fâche, et déclare qu'on empiète sur ses attributions. Les attributions temporelles du vicaire n'existent pas! répliquent les consuls, il n'a que des droits spirituels. D'ailleurs, qu'est-il ici, qu'un étranger? C'est par pure complaisance que nous l'admettons à nos délibérations. Demain, la séance sera reprise et s'il persiste à nous faire opposition, il y sera passé outre.

Le vicaire change, mais l'animosité persiste : en 1781, on se plaint que le nouveau desservant soit toujours malade; *la paroisse comprend plus de sept cents communiants* qui sont obligés de s'adresser à des prêtres du voisinage, on ne fait plus le catéchisme aux enfants, les processions ne sortent plus, c'est pitoyable! Le curé, sollicité de remédier à cette situation, fait la sourde oreille, et l'Archevêque, imploré à son tour, ne répond pas. Alors, on écrit au procureur-général à Montpellier; on lui raconte que le jour où on allait, en grande pompe, bénir le feu de la saint Jean, comme le tambour et le hautbois jouaient la marche royale, le vicaire a qualifié cette aubade de « musique profane, bonne à faire danser sur la « place publique ». Quelle injustice ! De tout temps, ces « instruments honnêtes » ont accompagné les processions. La danse n'était dans la bouche du prêtre qu'un prétexte à gronderie. Cependant, pour éviter un scandale, les consuls ont cédé, ils ont fait retirer les musiciens. Croyez-vous que l'abbé Dayriès leur a su gré de cet acte de modération ? Il a pris l'encensoir avec humeur, en a donné deux ou trois coups bien secs au-dessus du bûcher, a allumé les fagots sans les bénir, et s'en est revenu en toute hâte au presbytère ! C'en est trop ! Les magistrats municipaux de Villenouvelle sont à bout de patience et malgré qu'il leur en coûte, ils se voient dans la dure nécessité de « dresser procès-verbal à l'officiant » !

La dispute est mesquine, en vérité, mais l'idée poursuivie par les consuls est importante : ils veulent faire ériger N.-D. des Anges en paroisse et, dans ce but, ils emploient tous les moyens. Leur querelle même, pour si puérile qu'elle soit, nous fournit des détails de statistique et d'histoire qui ne sont point à négliger. Lisez, par exemple, la délibération du 5 septembre 1784 : « Le nombre des paroissiens, y « dit-on, s'est accru considérablement depuis une « vingtaine d'années à Villenouvelle. Les obits sont « divisés à deux prêtres dont l'un, résidant en ce « lieu, est privé des revenus suffisants et souvent oc- « cupé au service des cures voisines, ce qui fait que « plusieurs malades sont décédés sans sacrements. « *La paroisse comprend 635 communiants et 400 de « jeune âge, ce qui porte à plus de 1,000 les grands et « les petits*. En conséquence de quoi, deux prêtres ré- « sidants ne seraient pas de trop.

« Les fruits prenants ne refuseront pas leur con-

« sentement, attendu surtout que les fruits décimaux « sont d'un revenu considérable dans cette paroisse. « On constate, par les contrats d'afferme actuels, « qu'ils se portent *à près de 5,400 livres*. La portion « de Mgr l'Archevêque, fruit prenant d'une part, est af- « fermée 1,300 livres, sans compter de petites réserves « qui se portent à 30 livres au-dessus du prix principal. « Celle du chapitre de Saint-Etienne et autres fruits « prenants pour un quart, est affermée 1,330 livres, « sans y comprendre les mêmes réserves. Celle de « M. le Curé, autre fruit prenant pour la moitié, qui « n'est point affermée, doit valoir autant que celle « des deux autres portions, ce qui fait, comme on l'a « dit, 5,400 livres.

« De plus, on sait que M. le Curé, en sa qualité de « curé de Baziège, perçoit sur cette paroisse un re- « venu annuel d'environ 2,400 livres.

« Tous ces revenus nous semblent suffisants pour « motiver notre demande. »

Nos édiles, peu conciliants avec le clergé de leur paroisse, sont encore plus intraitables avec une autorité ecclésiastique étrangère, quand cette autorité, surtout, fait mine de les contrarier. En 1764, M. le Vicaire général de Malaret, faisant sa tournée pastorale, a donné des instructions qu'ils déclarent « non valables, bien que dictées du haut de la chaire » ; il a supprimé la fête de Saint-Clair, patron de la paroisse, « innovation dont on n'a jamais vu d'exemple et qui accable de tristesse tout le public ». Il y a abus ! il y a mépris des traditions locales. Monseigneur l'Archevêque en sera informé. Et, séance tenante, les conseillers de Villenouvelle rédigent une protestation où ils disent : « Nonobstant les troubles « occasionnés par les Calvinistes qui ont fait gémir

« pendant si longtemps les habitants de cette pro-« vince, et notamment ceux de ce lieu, leur ayant in-« cendié l'ancienne église *avec tous ses titres qu'il y* « *avait dedans*, il demeure néanmoins prouvé par la « tradition et par une ordonnance de visite faite par « M. l'abbé Dufour, vicaire général de Monseigneur « de Marca, archevêque de Toulouse, le 3 août 1656, « dont il a été trouvé par hasard une copie en forme, « qu'il se célébrait dans l'église de ce lieu deux fêtes « particulières, savoir ; celle de Saint-Clair, fête vo-« tive, le premier du mois de juin, et celle de la « Translation des reliques de Saint-Sernin, patron de « la paroisse, le vingt-cinquième du même mois, « pendant lesquels jours le peuple s'abstenait de « toutes sortes d'affaires et solennisait ces deux fêtes « avec beaucoup de zèle et une grande dévotion. « Néanmoins, M. l'abbé de Malaret ayant fait son « cours de visite le vingt-cinq septembre mil sept cent « soixante-quatre et rendu son ordonnance le 15 juin « suivant, aurait, entre autres choses, supprimé les-« dites fêtes de cela seul qu'il fût impossible à la « communauté de représenter les titres portant l'éta-« blissement d'icelles et dans l'idée où il était que la « fête paroissiale devait être le jour de Saint-Sernin, « vingt-neuf novembre, fête qui ne se solennise néan-« moins dans ce lieu que depuis qu'elle a été rendue « générale par tout le diocèse... » Après avoir prouvé, par tous les arguments en leur pouvoir, que M. de Malaret a méconnu les sentiments religieux de la population, les consuls supplient le chef spirituel du diocèse de rétablir les choses en l'état primitif et députent M. de Lapersonne, premier consul, accompagné de quatre notables, pour appuyer leur réclamation.

Nouveau grief, le 19 juin 1767, quand le curé vient

annoncer au Conseil que « l'église de Saint-Sernin sera interdite si l'on n'y fait exécuter les réparations prescrites par MM. les Vicaires généraux ». Pas de pourparlers, cette fois, pas de protestations inutiles, mais la sèche et brève déclaration que voici : « A été unanimement délibéré que la Communauté ne connaît point aucune réparation à faire dans l'église. Ainsi conclu et délibéré. »

A part les églises de N.-D. des Anges et de Saint-Sernin, le culte se célébra longtemps dans la *chapelle de l'Hôpital.*

L'*hôpital* de Villenouvelle était installé dans la Grande-Rue et différents legs pourvoyaient à son entretien. Le plus important de ceux-ci fut une ferme, bâtie aux confins de la commune de Montgaillard, dont les revenus étaient affectés au soulagement des malheureux. Après quelques quatre cents ans, la « ferme de l'hôpital » subsiste encore et n'a pas changé de destination ; elle s'est seulement arrondie de plusieurs arpents de terre, grâce à la bonne gestion des conseillers municipaux et à la générosité de quelques donateurs subséquents.

De ce nombre fut la D[lle] Jacquette de Margail, veuve de M. Delhom, qui, par son testament du 15 octobre 1693, fit don de 500 livres à l'hôpital.

Dans la délibération du 18 octobre 1761, on se plaint que, « par l'élévation qu'on vient de donner au « grand chemin, beaucoup de maisons, *dont celle des « pauvres et son ancienne chapelle*, se trouvent en « contre-bas et souffrent de l'humidité ». Ceci nous prouve qu'en 1761 le culte ne se célébrait déjà plus à l'hôpital. Et ce témoignage nous est confirmé par un procès-verbal du 21 juillet 1765 où il est dit : « Le « jour de Saint-Joseph, l'habitude était de dire les

« offices dans la chapelle de l'hôpital qui, pour ce « fait, payait 4 livres 10 sols aux prêtres de Ville- « nouvelle; mais la réfection du chemin a rendu son « accès impossible, en conséquence de quoi il y a « lieu d'abolir cette charge. »

Le 20 août 1723, on décide que « le sieur Hugues « Bosquet, *baile de l'hôpital*, se transportera à la « ville de Toulouse, au Bureau des finances, pour « rendre l'hommage et faire le serment de fidélité au « nom dudit hôpital et à ses frais, *pour dix arpents* « *de terre que ledit hôpital possède noblement dans* « *la juridiction de Montgaillard* ».

Le 14 juin 1667, on délibère que : « L'hôpital n'étant « pas composé d'un bureau ordinaire de direction, ce « qui serait très avantageux pour le bien et l'avantage « dudit hôpital, et pour se conformer aux intentions « de Sa Majesté à ce sujet, comme il est amplement « expliqué dans l'édit du 12 décembre 1698, l'Assem- « blée nomme maître J.-Baptiste Carcassès, prêtre « obituaire dudit lieu, Guillaume Mailhol, Jean Ca- « zaneuve et Antoine Castel, pour servir en cette « qualité. »

La métairie de l'hôpital s'affermait de 100 à 110 livres par an, au commencement du dix-huitième siècle; elle a plus que décuplé de valeur, aujourd'hui.

Et si nos lecteurs veulent connaître les soins qu'on prodiguait aux malades dans l'établissement sanitaire de Villenouvelle, voici qui pourra les édifier : Le 27 juin 1717, le nommé Guillaume Soucalle est admis comme infirmier « aux conditions qu'on lui don- « nera deux cestiers de bled et douze livres d'huile, « moitié huile d'olives et moitié huile de poisson, et « moyennant ce, ledit Soucalle s'oblige d'avoir soin « des chambres, lits des pauvres malades et passa- « gers, et leur faire du bouillon au moyen de ladite

« huile, et messieurs les bayles lui bailleront, si le « cas arrive, un ou deux œufs, ou ce qui leur faira « besoin ».

Après ce traitement que M. Purgon n'eût pas désavoué, comment les « pauvres malades » ne se fussent-ils pas sentis soulagés ? Cependant, si leur cas s'aggravait, on les transportait à Villefranche ou à Baziège, « duquel port ledit Soucalle tirait de rétribu- « tion cinq sols de ceux qui étaient portés à Ville- « franche et quatre sols de ceux de Baziège, et devait « fournir, moyennant ce, les chevaux pour ladite voi- « ture desdits malades, préalablement avoir averti « messieurs les consuls et messieurs les bayles ».

Après le legs de l'hôpital, citons le legs *de Costa*. Si l'un était destiné au soulagement de la souffrance, l'autre avait pour but de remédier à la pauvreté. Grâce à ce dernier, on dotait les jeunes hommes ou les jeunes filles que leur état d'indigence empêchait de se marier ou d'apprendre un métier. Et, pour dissiper l'impression fâcheuse que certains passages de ce chapitre auraient pu laisser dans l'esprit de nos lecteurs, hâtons-nous de dire que c'est à un ancien desservant de la paroisse, au chanoine *de Costa*, que cette institution charitable était due.

C'est peu après l'année 1700 qu'il en est parlé pour la première fois dans nos annales, ce qui nous donne à penser que son auteur vivait à la fin du dix-septième siècle. Prenons, à titre d'exemple, la délibération du 30 août 1739, où il est dit : « A été proposé « par les sieurs consuls que Barbe Beauré, fille à « Laurent Beauré, voulant se colloquer en mariage « et n'ayant aucun bien pour se procurer un party, « elle a prié lesdits consuls de représenter à l'Assem- « blée son estat pour lui procurer une somme pro-

« portionnée à son établissement, à prendre sur les « sommes à ce destinées par M. de Costa, ancien « curé de ce lieu. »

Inutile de multiplier les citations du même genre, nous croyons en avoir assez dit pour prouver que, pas plus aux temps anciens qu'aux temps nouveaux, les sentiments de dévouement et de charité ne firent défaut à nos compatriotes. Il nous faut maintenant parler de *l'enseignement.* Religion et pédagogie sont aujourd'hui des choses très différentes, on pourrait même dire très opposées. Autrefois, elles étaient très analogues ou, pour mieux dire, elles ne faisaient qu'un : c'est dans la Bible que l'instituteur, ou le curé quand il n'y avait pas d'instituteur, apprenait à lire aux enfants. La méthode était-elle bonne? Elle nous a valu les Français d'Arques, d'Ivry, de Rocroy, de Fontenoy et de Valmy. En attendant de savoir ce que l'éducation nouvelle nous réserve, continuons notre tâche d'historien.

C'est vers le milieu du dix-septième siècle que le service de l'Instruction publique, jusque-là fort négligé, commence à prendre une certaine extension. Le nombre des « régents » augmente et les consuls sont invités, chaque fois que les ressources de leur commune le permettent, à faire donner l'enseignement primaire aux enfants.

A Villenouvelle, on ne trouve guère trace d'une organisation scolaire un peu suivie avant 1610 ou 1620. Le « régent des écoles » est choisi par le conseil communal avec l'assentiment du curé. Pendant longtemps, il ne reçoit guère que 20 ou 25 livres d'appointements fixes, plus une rétribution individuelle qui varie entre 5, 10 ou 15 sols par élève, suivant que celui-ci apprend à lire, à écrire, ou se livre aux savantes opérations de l'arithmétique. Pour ce prix modique, il est chargé d'éduquer une centaine d'écoliers, filles ou garçons.

Quand le maître d'école fait défaut et que le curé est occupé ailleurs, ce qui arrive souvent, les enfants sont privés de toute instruction.

Le 9 avril 1702, on délibère que « depuis longtemps « la régence des escolles de ce lieu est discontinuée, « qu'en conséquence il y a lieu d'aviser et que le sieur « Jacques Teisseyre sera chargé de l'employ au prix « de la somme de vingt livres que la communauté a « droit de s'imposer annuellement, à la charge par « ledit Teisseyre d'enseigner toute la jeunesse à lire, « à escrire et à compter. Desquels escoliers il sera « payé, suivant la coutume, sauf de ceux qui sont « véritablement pauvres, lesquels il enseignera pour « rien ».

D'année en année, les honoraires de l'instituteur communal s'élèvent, mais il est juste de dire que l'enseignement primaire se régularise et s'améliore en proportion. On ne se borne plus, comme par le passé, à enseigner l'alphabet aux enfants : on s'inquiète de leur donner quelques principes de grammaire ou d'arithmétique, et même quelques notions de latin. Surtout, et c'est la réforme qui s'impose le plus, on songe à confier l'éducation des filles à une personne de leur sexe. Le 6 décembre 1753, le Conseil est avisé que « plusieurs particuliers se plaignent du ré- « gent, *non de son absurdité ni de sa bonne vie et « mœurs, mais de son peu de capacité*, n'en ayant « d'autre que de savoir lire et écrire ; le lieu se trou- « vant très peuplé, les parents désirant élever la jeu- « nesse, les uns à la prêtrise, les autres au commerce « et autres emplois à quoi leurs facultés ne les peu- « vent faire parvenir. A cet effet, il s'est présenté le

« sieur *Bergaut*, qui a régenté plusieurs endroits de « ce diocèse et celui de Saint-Papoul, lequel montre « fort bien le latin, à écrire et à compter, et pour cet « effet il demande pour son honoraire 150 livres par an. « Mais comme, par les présents règlements de Nos- « seigneurs les Commissaires du Roi et des Etats, il « n'est pas permis d'imposer que la somme de qua- « rante livres, au moyen de quoi et un petit salaire « que chaque particulier payait, on n'a jamais trouvé « aucun régent capable, c'est pourquoi il convien- « drait d'accepter l'offre faite par le sieur Bergaut et « se cotiser en sa faveur de ladite somme de cent cin- « quante livres, sur le bon plaisir de Monseigneur « l'Intendant.

« Et conviendrait encore de supplier ledit Seigneur « Intendant de permettre à la communauté l'imposi- « tion de la somme de cent livres en faveur d'une « *providence* (école de filles) qui serait accordée en « considération du grand nombre de filles qui sont « en ce lieu. Au moyen de quoi, toute la jeunesse de « l'un et l'autre sexe serait élevée en la crainte de « Dieu et en état de gagner sa vie. »

L'intention était bonne, mais dépassait peut-être le but; on comprit, à quelque temps de là, l'inutilité d'apprendre *rosa la rose* à des fils de paysans, et les régents de Villenouvelle durent, par ordre supérieur, se restreindre à un enseignement rigoureusement pratique.

La délibération du 10 octobre 1784 est à citer, parce qu'elle met en lumière les considérations qui présidaient au choix des instituteurs et nous fait connaître les programmes scolaires du temps : « Par « les sieurs consuls a été proposé que le sieur Tissa- « dou dit Justin, régent des écolles publiques du « présent lieu, étant déssédé depuis le 10 septembre

« dernier, avec les regrets de cette communauté, « étant seul sujet capable, possédant toutes les bonnes « qualités, il serait à désirer pour le bien public de « pouvoir le remplacer, à quoy faire les pères qui « ont des enfants sont invités de nous donner leurs « suffrages sur les sujets qui se présentent pour « donner l'*éducassion* à leur famille. Et comme le « temps presse pour faire renouveller les écolles, « voyant vaguer les enfants dans les rues et que « leur éducassion en souffre ainsy que la Religion, et « comme il est toujours rare de trouver des régents « au gré du public, on se propose de vous présenter « deux sugets, les seuls qui se sont offerts jusqu'à ce « moment, qui sont le sieur Lefèvre, ancien régent « des écolles de Baziège, et le sieur Samaran fils, ha- « bitant de Maurémont. L'un et l'autre en particulier « offrent de faire les écolles sur le salaire de cent « cinquante livres, accordé par l'ordonnance de Mon- « seigneur l'Intendant en datte du 5 juillet 1760 et « sur le don gratuit qu'on est d'usage d'accorder, « fixé par la délibération du 3 août 1761, aux condi- « tions de faire les écolles dans la maison commune « du présent lieu pendant l'intervalle de trois heures « le matin et trois heures le soir, et de commencer « cette sage occupation à six heures du matin en esté « et à sept heures en hiver, et en tout temps à une « heure de l'après-midy, sans que ledit Régent puisse « prendre autre mélange d'enseigner auxdites écolles « que la lecture, écriture et l'arithmétique, et ins- « truire la jeunesse à la Religion en se conformant à « *la probation* de Monseigneur l'Archevêque. Telle « est la *disposission* des ordonnances qui nous ac- « cordent le pouvoir d'imposer tous les ans *cent cin-* « *quante livres* pour la régence des écolles, pour en- « gager le bon public à l'éducassion des écritures et

« arithmétique qui sont à tous les arts si utilles à la « richesse et au bien public, ce sur quoy l'assemblée « est priée de délibérer. »

Après cette éloquente proposition en faveur d'une « éducassion » dont le secrétaire du conseil semble avoir oublié quelque peu les principes, on décide de nommer le sieur Samaran aux fonctions de régent. Et, jusqu'à la fin de la monarchie, des règles identiques sont suivies pour le choix des instituteurs et le programme de leur enseignement.

XII

Le Canal du Midi. — L'Hers et ses affluents.
Les forêts de Saint-Rome et de Bazlège.
Récreusement et redressement des cours d'eau.
Démolition des moulins. — Le rocher de Bigot.
Les Ponts de l'Hers et du Canal.
Le chemin de Villenouvelle à Négra.

A Pierre-Paul Riquet, baron de Bonrepos, revient l'honneur d'avoir conçu et exécuté le *Canal du Midi*. Dans ses propriétés du Languedoc, sises au seuil des Corbières et des Cévennes, il avait observé qu'une partie des eaux s'écoulait au nord-ouest et l'autre au sud-est, en suivant deux directions diamétralement opposées. Cette remarque lui suggéra l'idée d'un cours d'eau navigable qui s'alimenterait aux sources des montagnes voisines et gagnerait, d'un côté, l'Océan par la vallée de la Garonne, de l'autre, la Méditerranée par les vallées de l'Aude et de l'Hérault. En 1662, il fit part à Colbert de ses espérances et de ses projets. Après cinq années d'études préparatoires, on se mettait à l'œuvre et quatorze ans plus tard, le 15 mai 1681, le Canal des Deux-Mers s'ouvrait à la navigation.

Cette création gigantesque en entraîna d'autres : il fallut rétablir les communications interrompues, construire des ponts, élever des aqueducs pour l'écoulement des eaux transversales. Ainsi en fut-il à Négra, point où le Canal rencontrait à la fois le chemin de Villenouvelle à Montesquieu et le ruisseau de *Thésauque*. Jeter un pont pour relier les deux tronçons du chemin était chose facile, cela fut fait en 1674 en même temps que les premiers travaux. Mais la Thésauque apportait sans cesse des pierres et du limon et menaçait de tout ensabler ; il fallut, en 1701, construire un aqueduc pour la faire passer sous le Canal et la conduire vers l'Hers à travers son ancien lit.

En 1713, le pont de bois de 1674 était, malgré plusieurs restaurations, aux trois quarts ruiné ; on le remplaça par un pont de briques, construit en dos d'âne et très surélevé, comme on les faisait à l'époque. Ce passage incommode, qui se trouvait en amont de l'écluse de Négra, fut transporté en 1845, en aval, à cinquante pas plus loin. On obligea ainsi le chemin à faire un détour, mais il resta horizontal et les barques circulaient sans difficulté sous l'arche du pont.

En 1700, on profita des travaux en cours pour construire à Négra une *chapelle* et une *auberge pour la dinnée*. Ce point était, en effet, un relai important de la ligne d'eau de Toulouse à Narbonne et les voyageurs trouvaient, sur les bateaux du canal, un confort relatif qui leur faisait préférer ce mode de locomotion aux diligences de la grande route.

Les ponts de *Vieillevigne* et d'*En-Serny* furent construits sous Louis XIV ; ils subsistent encore, après avoir subi, il est vrai, quelques importantes réparations.

Les ruisseaux qu'on avait laissés, comme la Thésauque, se déverser dans le canal, causèrent de nombreux dégâts et même des inondations, il fallut, à plusieurs reprises, exécuter des travaux de dragage. creuser des déversoirs ou construire des aqueducs.

C'est ainsi qu'en 1746, le canal ensablé ayant débordé sur plusieurs points, on dut le mettre à sec et le recreuser à fond.

Tous ces travaux furent, pour la Province, et surtout pour les communes riveraines, une source de grosses dépenses : rien que pour les indemnités accordées aux expropriés, Montesquieu eut 2.500 livres à payer.

Les charges pécuniaires ne furent pas les seules dont eurent à souffrir les populations. On sait que le canal et ses dépendances avaient été érigées en fief par Louis XIV et concédés en toute propriété à Riquet et à ses descendants, avec réserve des droits de pêche, de chasse, d'exploitation des berges, de dépaissance, etc. Pour sauvegarder ces privilèges, des gardes parcouraient les francs bords du canal et capturaient tous les bestiaux qu'ils y trouvaient. Cette surveillance et cette contrainte avaient fini par indisposer violemment les riverains; des réclamations s'élevèrent, des difficultés surgirent et ne se dénouèrent que longtemps après la Révolution, lorsqu'on décréta le rachat du canal par l'Etat.

Les recreusements et redressements de *l'Hers* et de ses affluents sont postérieurs à l'œuvre de Riquet, mais ils ont plus d'un point commun avec elle; en les mentionnant ici nous ne ferons que suivre l'ordre naturel et chronologique des faits.

L'*Hers,* cette petite rivière qui traverse aujourd'hui la plaine de Villenouvelle presque en ligne droite, était autrefois très sinueux; entre Saint-Rome et Baziège, seule partie de son cours qui nous intéresse, il faisait une infinité de crochets. Signalons : une première boucle, concave au nord, entre l'embouchure du Marès et le pont de Saint-Rome; une deuxième, concave au sud, à hauteur du Descordat; une troisième, très accentuée dans le même sens, entre Bigot et la métairie de Moncal. Dans les parties intermédiaires, la rivière suivait, mais en serpentant beaucoup, la direction générale actuelle.

Deux de ses affluents, le *Gardigeol* et la *Thésauque*, nécessitèrent, eux aussi, des rectifications.

Le premier de ces ruisseaux tournait à l'ouest après Gardouch, passait à la métairie du *Gardigeol* qui a gardé son nom, et venait se jeter dans l'Hers à hauteur d'En Crambade. Cette traversée de la commune de Saint-Rome, qu'on a aujourd'hui évitée, en amenant le Gardigeol directement à l'Hers, au nord de Gardouch, était pleine d'embranchements marécageux. Et comme de nombreux fossés reliaient l'un à l'autre les deux cours d'eau, le Gardigeol inférieur est quelquefois appelé « Petit-Hers » sur les anciens plans.

La *Thésauque*, après avoir franchi le canal à Négra, coupait, sous un angle aigu, le chemin de Villenouvelle à Montesquieu, puis, s'infléchissant à l'ouest, allait rejoindre l'Hers à travers la forêt de Baziège, après des méandres sans fin. Tout ce terrain, comme celui du Gardigeol, auquel la Thésauque se ramifiait, d'ailleurs, par de profonds fossés, était couvert de prairies malsaines et souvent submergées. On remédia à ces divers inconvénients, d'abord en déplaçant vers l'est le chemin de Négra, ensuite en rectifiant le cours du ruisseau qu'on dirigea droit sur la métairie d'En Fendrès, en aval du moulin de Bigot.

La très grande horizontalité de la plaine — il n'y a que 20 mètres de différence d'altitude entre Villenouvelle et Toulouse — favorisait peu, cela se conçoit, l'écoulement des eaux, mais leur stagnation était encore augmentée par les terrains broussailleux et les fourrés épais qu'elles traversaient. Nous avons eu l'occasion de signaler ce fait en parlant des forêts de Saint-Rome et de Baziège, situées toutes deux sur les rives de l'Hers, au beau milieu de la vallée. On s'étonnera peut-être de ce terme de « forêts », quand on saura que les deux bois dont il s'agit ne dépassaient pas 160 hectares de superficie. Disons, pour l'expliquer, qu'aux premiers temps de notre histoire, la partie boisée du Lauraguais s'étendait, d'Avignonet à Montlaur, sur plus de vingt lieues de pays, ce qui fait que, par tradition, même à l'époque de Louis XIV et après les nombreux défrichements qui l'avaient réduite aux modestes proportions que nous venons d'indiquer, la « forêt royale » avait conservé son nom.

La partie dite de *Saint-Rome* comprenait : 1° une presqu'île boisée de 7 arpents, située en amont du pont de l'Hers, dans la grande boucle que nous avons précédemment signalée ; 2° un bois de 127 arpents, dont un quart environ s'étendait sur le territoire de Saint-Rome et les trois autres quarts sur ceux de Montgaillard et de Villenouvelle.

Ces deux moitiés de forêt, qu'on confondait, le plus souvent, sous le nom de « forêt de Saint-Rome », étaient séparées, vis-à-vis Bigot, par un grand espace cultivé d'environ 260 arpents appelé les « *Labours du Roi* ».

Les *labours* étaient, comme le reste du domaine royal, inféodés au profit de tiers qui en tiraient leurs revenus. Sous Louis XIII, on dressa, à l'occasion des travaux de déboisement et d'assainissement projetés, plusieurs plans des labours et des forêts ; sur l'un d'eux, daté de 1616 et signé « Jehan Clément, maître agrimanteur juré », on voit la reproduction en perspective de deux fortins crénelés situés, l'un à l'extrémité est de la forêt de Saint-Rome, sur l'emplacement actuel de la métairie de La Grâce, l'autre à l'extrémité ouest de la forêt de Baziège, à l'endroit où s'élève aujourd'hui la ferme d'En Cabos. Que faisaient là ces édifices? Quels étaient leur rôle et leur destination? M. de Malafosse va nous l'expliquer : « Au moyen âge, dit-il, et jusqu'à la venue du siècle « de Louis XIV, des bandes de pillards couraient les « campagnes. Aussi ne voyait-on guère de métairies « isolées, mais des agglomérations ou des abris for- « tifiés. Ces derniers se composaient d'une grosse « tour ronde en maçonnerie, percée d'une ouverture « à cinq ou six mètres au-dessus du sol et communi- « quant avec l'extérieur par un pont-levis. » Telle est la disposition générale que le dessinateur a reproduite et qu'il a sans doute copiée d'après nature sur les forts de la Grâce et d'En Cabos. L'un servait d'abri et de grenier aux labours de Villefranche, l'autre à ceux de Baziège. Tous deux ont disparu, mais on peut encore retrouver leurs vestiges dans les bâtiments qui les ont remplacés.

Défrichement de la forêt, redressement de l'Hers, furent deux œuvres parallèles et qu'il nous faut étudier simultanément. Lorsque cette dernière commença, en 1702, il y avait longtemps déjà qu'on projetait ou qu'on essayait des améliorations. Projets platoniques, d'ailleurs, essais timides qui n'aboutissaient à rien. Dès 1555, les Etats du Languedoc avaient enregistré les doléances des riverains de l'Hers, se plaignant de l'ensablement continuel de leurs propriétés. Pendant plus de cent ans, les mêmes réclamations se reproduisirent sans qu'il y fût donné d'autre suite que quelques curages partiels ou quelques endiguements insuffisants. A la première crue, le lit de la rivière se comblait, ses berges s'écroulaient, et tout était à recommencer.

Voyant que les requêtes des particuliers n'avaient aucun succès, les consuls de Villenouvelle eurent l'idée de protester au nom du Roi ; ils déclarèrent qu'ayant la jouissance du domaine de Sa Majesté, ils en avaient aussi la garde, et que, par suite du mauvais entretien de ce domaine, leur responsabilité était gravement engagée. Cette fois, l'autorité s'émut, on mit le corps des ingénieurs en mouvement. M. de Froidour, maître des eaux et forêts, se transporta sur les lieux, rédigea force rapports et dressa force plans. Malheureusement, on n'en était encore qu'aux projets. Pendant trente ans, les habitants de la plaine de l'Hers continuèrent à gémir et à implorer la sollicitude des pouvoirs publics. En 1697, M. de Palaprat, capitoul et député de Toulouse aux Etats, démontrait à l'Assemblée « la nécessité de conjurer les inondations, devenues plus fréquentes et plus dangereuses depuis que le Canal royal était en activité ». En 1699, les villes de Montesquieu, Saint-Rome, Villenouvelle, Baziège, se syndiquaient et déléguaient M. de Lapersonne, premier consul de Villenouvelle, pour porter leurs doléances aux Etats de Montpellier.

Tant d'efforts et de persévérance furent enfin couronnés de succès. Après une dernière enquête dirigée par M. de Boissonnade, qui avait succédé à M. de Froidour dans les fonctions de maître des eaux et forêts en Lauraguais, après une lettre particulièrement convaincante de M. de Clapiès, ingénieur du diocèse, qui démontrait au duc de Bourbon, gouverneur du Languedoc, « l'utilité de rectifier la rivière de l'Hers et de la ramener de 18 à 7 lieues de longueur dans la partie inférieure de son cours », on se mit à la besogne. Pendant que les agents des eaux et forêts dirigeaient les travaux de redressement et de nivellement, les propriétaires riverains s'occupaient du « recreusement des fossés et nauses aboutissant à l'Ers, chacun en droit soy ». Les travaux, commencés en 1702, mais interrompus à chaque instant par des obstacles matériels ou des difficultés d'ordre administratif, traînèrent tant et tant qu'ils étaient à peine terminés au milieu du siècle. Encore fallut-il les compléter par des ouvrages d'art ou des aménagements partiels qui les prolongèrent, en réalité, jusqu'à la Révolution.

Les ingénieurs procédaient méthodiquement, descendant du confluent du Marès, où ils avaient ouvert leurs chantiers, vers Baziège ; mais les eaux supérieures n'en furent d'abord que plus rapidement entraînées au fond de la vallée. Arrêtées dans le dédale broussailleux de la forêt de Saint-Rome, elles s'y étranglaient et débordaient à la moindre pluie. De sorte que la période la plus active des travaux d'assainissement dans la plaine de Villenouvelle fut aussi celle des plus grands désastres et que les années 1723, 1726, 1728, 1732, 1733, 1736, furent tout spécialement marquées par les inondations.

Les riverains éprouvèrent, de ce fait, une amère déception et, ne pouvant s'en expliquer la cause, s'en prirent aux moulins. On accusait les moulins d'obstruer la rivière et de faire obstacle au courant. Il est certain que ces très nombreux édifices — on en comptait jusqu'à seize depuis Saint-Rome jusqu'à l'embouchure en Garonne — étaient pour la plupart mal construits, mal entretenus, sans écluses pour laisser échapper le trop-plein des eaux, ce qui fait qu'au moment d'une crue, leur niveau s'élevait subitement.

Les pouvoirs publics s'étaient émus de cette situation : successivement, une ordonnance du grand-maître des eaux et forêts en date du 24 juin 1693, deux jugements du Parlement des 16 juin 1694 et 30 juin 1700, deux arrêts du Conseil d'Etat de mai 1701 et août 1703 avaient prescrit aux propriétaires de moulins d'établir des écluses et d'abaisser leurs chaussées. Mais, en dépit de cet arsenal de lois et de règlements, rien n'avait été fait. On s'en étonnera moins quand on saura que, parmi les intéressés, figuraient M. de Nupce, premier président au Parlement de Toulouse; M. de Fieubet, conseiller à la même Cour; MM. Dadvisard et de Palaprat, capitouls, et quelques autres personnages de qualité, très capables de contrebalancer, par leur influence personnelle, l'autorité des fonctionnaires royaux.

A Villenouvelle, on en voulait surtout à M. de Palaprat, propriétaire du moulin de Bigot, et à M. de Lapersonne, propriétaire du moulin de Sabartier, près l'embouchure du Marès. Le 9 décembre 1711, une pétition des habitants demande que « ces m[illegible]sieurs soient mis en demeure d'exécuter les réparations qui leur incombent et qu'ils prom[illegible]tent depuis dix ans sans jamais s'y décider ». Les [illegible]suls appuient cette requête; ils décident q[illegible]ssire de Palaprat sera assigné devant le grand-maître des eaux et forêts et poursuivi en justice jusqu'à ce qu'il ait satisfait à ce qu'on exige de lui ». Le cas de M. de Lapersonne, premier consul de Villenouvelle et leur collègue au conseil municipal, les embarrasse davantage; ils se tirent d'affaire en déclarant que « les *muniers* dudit sieur seront pris comme responsables *en leur qualité de locataires perpétuels* ». Et leur délibération se termine par la phrase habituelle : « Plaise à Monseigneur l'Intendant nous permettre d'entamer les poursuites. » Les intéressés, sachant par expérience tout ce que cette formule avait de platonique et d'inefficace, se gardèrent de bouger.

M. de Junius, propriétaire du moulin de Saint-Rome, M. d'Esquerre, propriétaire du moulin de Baziège, Mme de Tarabel, propriétaire du moulin de Moncal, M. de Nupce, propriétaire du moulin d'Escalquens et tous les autres, jusqu'à Saint-Jory, ne bougèrent pas davantage. Il y eut bien quelques semblants de réparations par ci par là, quelques vannes furent bien percées dans les barrages et momentanément entrebaillées, mais elles se refermèrent bientôt pour ne plus se rouvrir. Et les gardes communaux, qu'on envoyait surveiller le jeu des écluses, se firent, moyennant finance, les complices des propriétaires et des meuniers.

Aussi le mécontentement grandissait tous les jours et les réclamations pleuvaient. Les commissaires des travaux publics disaient dans leur rapport aux Etats de 1728 : « Les inondations de la rivière de « l'Ers emportent tous les ans la récolte de huit à « dix mille arpents du meilleur fonds de la Province, « ruinant les habitants de plus de quarante commu- « nautés où elles causent, en outre, des maladies « fort dangereuses. Les arrêts du Conseil obtenus, « dès 1701, par les États, pour faire cesser ces dom- « mages, ont été sans effet parce que les juges de la « Table de Marbre qui avaient été chargés de les « faire exécuter étaient, ou riverains de l'Ers, ou « propriétaires de moulins construits sur cette rivière ; « mais depuis que par arrêt du Conseil, en date du « 10 décembre 1726, cette affaire a été attribuée à « M. l'Intendant, elle a été reprise. M. de Clapiès, « ingénieur du Roi, a reconnu qu'il s'agissait, non « seulement d'aligner et redresser le lit de cette

« rivière, mais de faire baisser les moulins ou les « démolir au besoin ».

Démolir les moulins! C'est la solution radicale à laquelle on se trouvait acculé. Et M. de Bernage, homme actif et résolu, qui remplissait alors les fonctions d'Intendant, prit l'initiative de ce « Delenda Carthago ». En 1738, sur la proposition des Etats de la Province et l'avis conforme de la Chambre des requêtes, il fit rendre une ordonnance par laquelle « les moulins établis sur la rivière de l'Ers devaient « être jetés bas dans un délai de trois mois ».

L'ordre était bref, mais sa mise à exécution fut moins rapide; le délai de « trois mois » se changea en délai de *douze ans*, grâce à la résistance acharnée des intéressés. Non pas que la solution adoptée les mécontentât beaucoup, ils préféraient démolir leurs vieux moulins et jouir d'une indemnité représentative que dépenser leurs revenus à d'illusoires réparations, mais il était de leur intérêt de se poser en victimes et de se faire payer le plus cher possible leur soi-disant sacrifice. A partir du jour où les moulins sont définitivement condamnés, nous assistons à une lutte homérique entre leurs posseseurs et les agents de l'autorité. Les experts des uns produisent de longs mémoires où les moulins sont représentés comme des usines superbes, pourvues des engins les plus perfectionnés et donnant à leurs propriétaires les plus beaux revenus, les contre-experts des autres répondent par des rapports non moins volumineux où l'on traite les mêmes constructions de vieilles bâtisses hors d'usage, occasionnant plus de pertes que de profits. On plaide, on juge, on fait appel, on casse, on confirme et on recasse les jugements. Toute la chicane est en œuvre et toute la bazoche en mouvement.

Nous en aurons une idée par le moulin de Bigot; M. de Jossé des Cars, héritier de M. de Palaprat, prétend que ce moulin lui rapporte 1726 livres de revenu annuel et demande 34.520 livres d'indemnité. On lui en offre 6.700! Après cent expertises, contre-expertises, débats et contestations, M. Garipuy, ingénieur, intervient à titre de tiers-arbitre, désigné par M. de Bernage, intendant du Languedoc. Il démontre que le moulin de Bigot est mal construit, en mauvais état, qu'il ne peut moudre que pendant huit mois de l'année et que, quoique noble et exempt de la taille, il ne rapporte à son propriétaire pas plus de 390 livres de revenu. Finalement il fixe à 7.800 livres l'indemnité qui sera allouée à M. de Jossé. Encore lui sera-t-il retenu 860 livres d'amende pour n'avoir pas construit l'« épanchoir » prescrit!

Pour chacun des seize moulins qui bordent l'Hers depuis Villefranche jusqu'à Grenade, les débats sont aussi contradictoires et aussi fantaisistes. Vers 1740, seulement, les démolitions sont achevées et les communes apprennent cette bonne nouvelle en même temps qu'on leur présente la note à payer. Sur un emprunt de 45.000 livres voté par les Etats généraux, Villenouvelle a, pour sa part, 1.818 livres à rembourser.

Les moulins sont à bas, mais la situation n'en est pas meilleure; la rivière continue à faire des siennes et M. Garipuy démontre, en 1745, qu'il faut, tout en continuant le redressement du Gardigeol, de la Thésauque et de l'Hers, entreprendre l'*élargissement* de ce dernier cours d'eau. C'est un travail de plus qui va s'ajouter aux précédents. Et les frais courent toujours; on en est maintenant à 38.000 livres, sans compter l'indemnité des moulins.

En 1747, on s'occupe spécialement de la Thésauque,

on la dirige vers la métairie d'En-Fendrès pour l'empêcher de serpenter à travers la forêt de Baziège sur une demi lieue d'étendue.

En 1748, les alignements de l'Hers dans la forêt du Roi sont à peu près terminés. M. de Charlavy, syndic du diocèse, vient reconnaître les travaux et publie un règlement sur l'entretien des berges et les obligations des riverains. On devrait être désormais à l'abri des inondations, et cependant la plaine de Villenouvelle est périodiquement submergée ! Faute de savoir à qui s'en prendre, on réclame contre le *Rocher de Bigot*. Il y a là, un peu au-dessous de l'ancien moulin démoli, un barrage de pierres qu'on accuse de tous les méfaits. Déjà, en 1745, on en a fait sauter une partie ; mais dix ans plus tard, M. de Montcabrier, syndic, et M. Garipuy, ingénieur, occupés à recevoir le nouveau pont de Villenouvelle à Négra, s'aperçoivent que la rivière est ensablée de deux pieds ; ils en concluent à la nécessité d'une seconde brèche. Sans grand résultat d'ailleurs, puisque de nouveaux travaux sont nécessaires à la suite des crues de 1764, 1768, 1769, 1770 et 1771. Tantôt le fameux rocher est mis en cause, tantôt l'impéritie des ingénieurs, tantôt l'injustice des gouvernants. « M. de Montcabrier, s'écrient les consuls, après « l'inondation de 1769, n'a fait fermer les brèches que « dans la juridiction de Montesquieu, celles de Vil- « lenouvelle sont restées ouvertes, comment s'éton- « ner que nous soyons seuls éprouvés par le fléau ? »

Après 1771, nouvelles réclamations et nouveaux projets : « Le débordement de l'Hers, est-il dit, a « emporté trente toises de terrain auprès de Bigot ; « Mme de Jossé des Cars a offert de faire l'avance de « la réparation ; sa proposition sera transmise à « M. de Besaucèle, syndic du diocèse, tout en lui

» faisant observer que toute réparation sera inutile « tant qu'on n'aura pas fait sauter le *roc sous Bigot* « qui empêche la pente des eaux. L'assemblée ose « avancer que si ledit roc était enlevé, la rivière se « creuserait d'elle-même de plus de trois pieds ! »

L'assemblée, malgré son assurance, s'avançait beaucoup ! On eut beau faire, beau dire, beau démolir et beau creuser, jusqu'à la Révolution le vrai remède ne fut pas trouvé. Que dis-je, jusqu'à la Révolution ? Jusqu'à Louis-Philippe et jusqu'au Second Empire, époque où un endiguement très épais et très élevé mit enfin l'Hers hors d'état de nuire aux riverains.

L'Hers, si souvent maudit par nos compatriotes, fut en réalité, pour eux, un voisinage à la fois redoutable et précieux : ils y trouvaient l'eau dont ils abreuvaient leurs bestiaux et arrosaient leurs prairies, le sable qui leur servait à empierrer leurs routes et à bâtir leurs maisons, mais parfois la rivière se vengeait cruellement des prélèvements qu'on lui avait fait subir et ravageait en quelques heures le pays qu'elle avait fertilisé et enrichi.

On pourrait en dire autant de la forêt : elle fournissait le bois pour la cuisson du pain et la construction des charpentes ; elle offrait le pacage idéal où les bergers aimaient à conduire leurs troupeaux quand le soleil d'été brûlait la plaine, mais elle avait ses désagréments. Ainsi, les Villenouvellois furent toujours en délicatesse avec les gardes royaux, gens peu conciliants, toujours prêts à relever un délit ou une contravention. Un mouton, s'égarait-il, hors du pré communal, un bûcheron s'en venait-il par inadvertance — ces choses là arrivent toujours par inadvertance — couper du bois chez Sa Majesté, un charbonnier négligent approchait-il son feu trop près de la lisière royale, vite une amende ou un procès-verbal. Ces vexations en engendrèrent d'autres et la chronique raconte que quand un régiment passait par Villenouvelle, ce qui arrivait souvent au temps de la guerre d'Espagne, c'était toujours chez les gardes forestiers que la municipalité envoyait les soldats et les chevaux se loger. Tant et si bien qu'un procès s'en suivit et qu'un arrêt du Parlement intervint pour déclarer qu'à l'avenir les gardes de la forêt seraient exempts du logement militaire en tant que fonctionnaires de l'Etat.

On voit encore, sur les lisières ouest et nord du bois de Saint-Rome, un fossé profond, vestige de celui que M. de Froidour avait fait creuser pour protéger la forêt du Roi contre les déprédations et l'incursion des animaux. Et nos consuls, qui trouvaient ces prohibitions trop sévères quand elles s'appliquaient au bien d'autrui, s'empressèrent d'en édicter de semblables quand ils virent le bien communal à la merci des vagabonds. En 1764, ils défendent aux personnes étrangères à la commune d'y mener paître leurs animaux; en 1774, ils publient un règlement contre les maraudeurs; en 1778, ils décident que « les gens n'auront le droit de tenir du bétail gros et menu dans la forêt de la communauté qu'à proportion du tènement de leur compois »; en 1783, enfin, après avoir exposé que « la cherté du bois est devenue générale dans le Lauraguais, ce qui occasionne les malfaiteurs à porter leurs ravages dans les forêts », ils demandent à l'Intendant l'autorisation de nommer un garde auquel il sera alloué 60 livres de gages annuels.

De nombreux travaux de voirie, avons-nous dit, furent nécessités par le creusement du canal et le redressement de l'Hers. Parmi ces travaux, le chemin de Villenouvelle à Montesquieu nous intéresse plus particulièrement. Un pont construit, en 1606, vers l'embouchure du Merderic, mettait les deux communes en communication, mais aucune bonne route ne s'offrait aux charrois. Il n'y avait, d'un point à l'autre, qu'une série de chemins ruraux dont l'un, sur le territoire de Villenouvelle, longeait le Merderic, et les autres, sur le territoire de Montesquieu, se frayaient des passages plus ou moins boueux à travers les marécages du Gardigeol et de la Thésauque. Le pont de 1606 étant tombé en ruine, on profita de la rectification de l'Hers pour le démolir. On le reconstruisit un peu plus bas, sur l'emplacement actuel ; les travaux furent reçus en 1755 par MM. de Montcabrier et Garipuy.

A ce moment, on venait enfin de tracer la nouvelle voie de Montesquieu à Villenouvelle. De « tracer », mais non d'achever, car, le premier travail exécuté, chacune des deux communes intéressées avait arrêté ses ouvriers, de peur d'en faire plus que la voisine ou de dépenser plus d'argent. Et puis, la Thésauque était un gros obstacle ; on se voyait dans la nécessité d'y faire un pont et l'on craignait la dépense que ce nouveau travail allait occasionner. Le 14 novembre 1770, nos consuls disaient : « Le chemin de Villenouvelle à Négra est très utile au commerce et « aux communautés voisines pour transporter leur « grain au canal ; mais ce qui le rend très nuisible, « c'est la rivière de la Thésauque qu'il faut traverser, « par le manque d'un pont. » On fit droit à cette demande, on dériva le chemin vers l'est pour éviter le gué de la Thésauque, mais la route n'en fut pas meilleure, l'empierrement manquant toujours, ainsi que le talus et les fossés.

En 1783 seulement, après plusieurs essais infructueux, on se mit sérieusement à l'œuvre, et trois ans plus tard, le 1er novembre 1786, les travaux furent reçus.

Villenouvelle et Montesquieu étaient restées pendant trente et un ans avec un pont pour les unir, mais sans route praticable pour utiliser ce pont !

De Villenouvelle à l'Hers, on avait dépensé 3480 livres qui furent inscrites sur le budget communal ; mais après 1786 on convint de mettre l'entretien du chemin à la charge de l'Etat.

En 1856, le pont fut emporté par une crue et réédifié bientôt après.

CONCLUSION

Ce chapitre sera le dernier de cette étude. Nous croyons avoir analysé la vie publique de nos devanciers sous des aspects assez divers pour que le lecteur puisse asseoir son jugement et former son opinion. Sans doute, il reste beaucoup à glaner dans le champ des souvenirs locaux, ceux qui viendront l'explorer après nous y trouveront encore une abondante moisson ; mais il faut savoir se borner, et nous estimons préférable de raconter utilement que de raconter beaucoup. Puisque l'histoire n'est, comme on l'a si bien dit, qu'un perpétuel recommencement, — pour le prouver il nous suffirait de rappeler que la *taille*, l'impôt le plus impopulaire de l'ancien régime, est celui que les politiques les plus avancés du jour cherchent à reconstituer sous le nom d' « impôt sur le revenu » — puisque ce sont toujours les mêmes idées qui reviennent et les mêmes problèmes qui se poursuivent à travers les siècles, nous devons moins nous attacher à multiplier les citations qu'à analyser les faits.

Pénétrés de ce principe, nous admirerons la puissance et la fécondité de l'idée régionaliste et communaliste ; nous applaudirons à la tâche de nos vieux consuls qui, par des moyens quelquefois bizarres, mais avec une constance inlassable et une indomptable énergie, défendirent, pendant plus de trois siècles, l'indépendance et l'intégrité de leur commune.

Née sous d'heureux auspices, dotée d'institutions privilégiées qui lui faisaient une place à part dans le domaine provincial, Villenouvelle ne tarda pas à porter la peine de sa prospérité. Lorsque les vieilles coutumes qui la protégeaient furent tombées en désuétude, lorsque la corruption fut devenue le grand levier politique et l'intrigue la grande raison d'Etat, elle eut à lutter contre une foule d'ambitieux qui convoitaient ses privilèges ou ses richesses. Et ce fut l'honneur de nos consuls, de ces paysans pauvres, inconnus, sans instruction, mais pénétrés du respect du droit et de la légalité, de résister à des personnages que leur influence ou leur fortune mettait au-dessus des lois et des traditions.

Elle est vraiment belle l'attitude de ces hommes qui combattirent *pro aris et focis* avec autant de persévérance que d'ardeur et de conviction. Ils peuvent, encore aujourd'hui, nous servir de modèles, car les intrigues politiques sont restées les mêmes, si les hommes ont changé ! Les intendants ont cédé la place aux préfets, mais ceux-ci ne font pas moins de pression administrative que ceux-là; les Juifs se sont substitués aux Huguenots, mais ils s'entendent aussi bien, sinon mieux, que leurs prédécesseurs, à manier l'or et à corrompre leur prochain ; la tyrannie du nombre a remplacé la tyrannie du pouvoir absolu, mais n'a fait qu'empirer !

Ces consuls de Villenouvelle si fiers de leurs chaperons, emblêmes de la justice, de leurs remparts et de leurs canons, protecteurs des droits municipaux, de leur église, asile de la prière en commun, nous font mieux comprendre l'amour de la petite patrie. Leur régionalisme ardent nous venge du lâche internationalisme contemporain. Leur patriotisme convaincu peut s'opposer victorieusement aux déprimantes théories de ceux qui, répudiant la famille, l'hérédité, la patrie, tout ce que l'homme a de plus cher ici-bas, oublient que leurs ancêtres n'ont tant travaillé, tant lutté, tant souffert, que pour leur conquérir un patrimoine et leur constituer un foyer !

TABLE DES MATIÈRES

DEUXIÈME PARTIE

Toulouse — Imp. Saint-Cyprien, allées de Garonne, 27

www.ingramcontent.com/pod-product-compliance
Ingram Content Group UK Ltd.
Pitfield, Milton Keynes, MK11 3LW, UK
UKHW022101190726
13855UKWH00002B/566